U0671640

黄金胜经
黄金投资入门与技巧

HUANGJIN SHENGJING

HUANGJIN TOUZI RUMEN YU JIQIAO

覃维桓 / 著

经济管理出版社

ECONOMY & MANAGEMENT PUBLISHING HOUSE

图书在版编目（CIP）数据

黄金胜经：黄金投资入门与技巧/覃维恒著．—北京：经济管理出版社，2012.3
ISBN 978 - 7 - 5096 - 1800 - 4

Ⅰ．①黄…　Ⅱ．①覃…　Ⅲ．①黄金市场—投资—基本知识　Ⅳ．①F830.94

中国版本图书馆 CIP 数据核字（2012）第 026548 号

出版发行：**经济管理出版社**

北京市海淀区北蜂窝 8 号中雅大厦 11 层
电话：（010）51915602　　邮编：100038

印刷：北京国马印刷厂　　　　　经销：新华书店

责任编辑：张　马

技术编辑：张　马

责任校对：全志云

| 850mm × 1168mm/32 | 8 印张 | 180 千字 |
| 2012 年 3 月第 1 版 | 2012 年 3 月第 1 次印刷 | |

定价：28.00 元

书号：ISBN 978 - 7 - 5096 - 1800 - 4

目　录

前　言

拥有黄金是中国人自古以来就有的梦想，而现在是圆梦的时候了。

改革开放后的中国空前的富裕了，13亿人现在已经拥有了15万亿人民币和1500亿美元的存款，而国家对黄金的政策也在一步步改变，黄金市场正在逐渐走向全面开放，为实现黄金梦打开了天地。

近些年来黄金市场的表现格外好，在5年的时间里金价上涨了一倍多，那么现在买入黄金还是时候吗？如果要买又应该怎样去做呢？

本书的目的是想让更多的人认识黄金市场和黄金投资，因为黄金市场在中国内地的开放还仅仅是开始，还不被绝大多数人所了解，而黄金市场又有着许多自身独特的地方，和金融市场以及商品市场都不同。所以，本书的重点是为了向读者介绍黄金市场的特点，而对一般性的与其他市场相同的地方则有所省略。

与其他同类书籍相比，本书的特点是重实战，为您讲解过去的金价走势，今后又会如何发展，投资者在市场中应当采取什么样的策略。

本书的另一特点是通俗易懂，尽可能地把复杂的黄金市场用通俗易懂的语言介绍给大家。

本书讲述的是一个事实，一个将要发生的事实，许多人可能还没有意识到这一点，但却是肯定要发生的事实。

这就是美元已经和正在经历着一场从未有过的危机，也许会要花费 20～30 年的时间，也许只用 3～5 年甚至更短的时间，美元将要从目前的世界货币霸主地位上退下来，而与其他世界货币平起平坐，而金价将因此登上从未有过的高价，每盎司 1000 美元甚至更高。

也许你会认为这不大可能发生，但是事实的进程往往比人们的预想要快得多。在 20 年前，当前苏联在世界上以第二超级大国而自居的时候，又有谁想到它会在短短的时间里就烟消云散呢？尽管今天美元在世界上的地位仍无可替代，但是其虚弱本质已经暴露无遗，它的欠账太多，现在是到了该还账的时候了。

我关注国际黄金市场已有多年，并且每天都把国际上最新的黄金评论介绍给国内，而本书的观点也不是个人的发现，而是已在世界上广为人知。虽然仁者见仁、智者见智，并非所有的人都赞成这个观点，而我是坚决相信金价会继续上涨的。

现在投资黄金，长期持有，应当会有不错的回报。希望更多的人能够认识这一点，于国于民都有好处。

作　者
2007 年 11 月

第1章

黄金概述

一、黄金的特性

　　黄金（gold）的化学元素符号 Au，是拉丁文"Aurum"的缩写，原意是黎明的曙光。在元素周期表上排行第 79 位，比重 19.32，熔点摄氏 1064 度，沸点摄氏 2808 度，摩氏硬度 2.5~3。

　　纯金为瑰丽的金黄色，在含有其他杂质时颜色会改变，例如加入银、铂时颜色变浅，加入铜时颜色变深。

　　金的纯度可以用试金石鉴定，称为"条痕比色"。所谓"七青、八黄、九紫、十赤"，意思是条痕呈青色，金含量为 70%；呈黄色，金含量为 80%；呈紫色，金含量为 90%；呈红色，则为纯金。

　　它的极其优秀的延展性、化学稳定性，不和水、氧及其他许多化学物质发生反应等使其成为对人类非常有用的一种金属。

1克纯金就可以拉长到3000米以上,做成金箔,面积可达9平方米。

金是热和电的良导体,它的传导性能仅次于铂、汞、铅和银,这使它在工业特别是电子工业上有广泛应用。

纯金很容易被磨损,变成极细的粉末。纯金首饰常年佩戴就会减轻分量,因此,金首饰和金币一般都要添加银和铜以提高硬度,而且会使其色泽更加绚丽。

(一) 金条的重量

为便于进行市场交易,黄金被制成各种重量的金条,其中最著名的是国际通用的伦敦交割标准金条,标准重量为350~430盎司,最常用的是400盎司(1盎司等于31.1035克),也就是12.5千克。其他各种金条分别采用千克、克和盎司做单位,从最小的1克到最大的10公斤金条,从1/10盎司到400盎司金条。也有采用其他重量单位的金条,如印度的拖拉(tola,1拖拉等于0.375盎司)金条,东亚的金条(例如港金以司马两(tale)为单位,1司马两等于37.429克)。

我国上海黄金交易所规定的交易金条规格为:50克、100克、1千克、3千克和12.5千克。

(二) 金条的成色

金条含金量的多少被称为成色。成色通常用百分或者千分含量表示。

例如上海黄金交易所规定参加交易的金条成色有4种规

格：＞99.99％、＞99.95％、＞99.9％和＞99.5％。

用千分含量表示时后面的千分号通常可以省略，例如990 金就表示含金量为 990‰，伦敦黄金市场认可的伦敦合格交割标准金条的含金量为不少于 995.0，意思是含金量不少于 995.0‰。

克拉（Carat 或 Karat），以前是中东商人使用的一种单位，用来量度豆子的重量。现在克拉只用在表示宝石的重量（1 克拉约等于 200 毫克）。而对于黄金，它只是表示黄金的纯度，称做"开"，纯金定义为 24 开。K 金首饰指的是含有其他金属如银、铜等的合金做的首饰，常用的有 22 开、18 开、14 开等。例如，18 开含金量为 18/24 = 75％。

二、黄金的生产

开采黄金是很困难也很耗费资本的事情，在南非，最深的金矿已经达到 3000 米深。近年来，由于能源、原材料和劳动力价格的上升，2005 年全球平均开采总成本已经达到每盎司 337 美元，最高的超过每盎司 500 美元。当然，每个矿的开采成本因为开采方式和矿石品位的不同而不同，大多数矿的矿石中金的含量只有 3～5 克/吨。而像加拿大的洪湖矿，因为其矿石的品位高达 77 克/吨，开采成本只有不到100 美元/盎司。有的露天矿成本很低，而井下开采因为要打很深的井，所以成本就高得多。

开采出来的金矿石运到地面上先粉碎，然后用浮选法把黄金分离出来,精炼成富含金的溶液,再浇铸成金锭,然后再用氯处理的方法提纯到 99.5% 的金条。如果要达到再高的纯度,或者存在其他的铂族金属元素,则用电解的方法提纯到 99.9%。含有少量金的尾矿则用氰化物溶解其所含的黄金,然后用碳萃取出来,再送去提炼。此外,像树脂交换法、细菌氧化法等也都已应用在生产中。

矿产金(Mine production)

目前全球每年金矿生产黄金 2000 多吨,约占全部需求的 2/3;不足的部分则主要由回收金再生和部分国家出售其黄金储备作为补充。

表 1 - 1 2005 年世界上前 20 名产金国

排名	国家	产量(吨)
1	南非	296.3
2	澳大利亚	262.9
3	美国	261.7
4	中国	224.1
5	秘鲁	207.8
6	俄罗斯	175.5
7	印度尼西亚	166.6
8	加拿大	118.5
9	乌兹别克斯坦	79.3
10	巴布亚新几内亚	68.8
11	加纳	62.8

续表

排名	国家	产量（吨）
12	坦桑尼亚	48.9
13	马里	45.9
14	巴西	44.9
15	智利	39.6
16	菲律宾	31.6
17	墨西哥	30.6
18	阿根廷	27.9
19	哥伦比亚	24.8
20	委内瑞拉	23.0

资料来源：黄金矿业服务公司《黄金年鉴2006》。

表1-2 2005年世界上产金最多的15大公司

名次	公司名称	国家	产量（吨）
1	Newmont	美国	199.7
2	Anglo Gold Ashanti	南非	191.8
3	Barrick	加拿大	169.8
4	Gold fields Limited	南非	130.6
5	Placer Dome	加拿大	113.4
6	Freeport McMoRan	美国	86.8
7	Harmony	南非	80.5
8	Navoi Metals & Mining	乌兹别克斯坦	59.0
9	Buenaventura	秘鲁	56.4
10	Rio Tinto	英国	53.7

名次	公司名称	国家	产量（吨）
11	Kinross	加拿大	48.4
12	中国黄金集团总公司	中国	45.7
13	Newcrest	澳大利亚	44.4
14	Goldcorp	加拿大	35.3
15	Polyus	俄罗斯	33.5

资料来源：同表1－1。

当前世界黄金生产的趋势是大体上趋于稳定且略有增长，一些老的主要黄金生产国如南非、美国、加拿大的产量在减少，而新兴的发展中国家如中国、印度尼西亚、秘鲁等的黄金产量在增加，俄罗斯的产量增长也比较快。

三、黄金的应用

（一）地面黄金存量（Above Ground Gold Stock）

人类开采黄金已有几千年的历史，开采出来的黄金绝大部分都仍旧完好地保存在地面上。尤其是在近几十年间，世界地面存金量增加得很快。从1950年时的63500吨增加到了2005年年底的155500吨。这些黄金的分布如下：

黄金制品：98500吨，占63.34%。其中主要是首饰：80300吨，占51.64%；

官方持金：28600 吨，占 18.39%；

私人持金：24800 吨，占 15.95%；

其他：3600 吨，占 2.32%。

这个比例在过去几十年间发生了很大的变化，例如，1950 年时首饰量为 17000 吨，只占当时地面存金总量的 27%；而到 2005 年首饰在地面存金的总量中所占的比例超过了一半。而官方持金量则从 1950 年时的一半多一点下降到了不到 20%。

由此我们可以看出，黄金最主要的用途是做成首饰供人们佩戴、收藏。

（1）由于黄金具有耀眼的光泽，美丽的外表和易于加工、不易磨损、腐蚀、变形等性质，使黄金成为最重要的首饰原料。早在几千年前，人们就开始用黄金做成各种装饰品。如今像金戒指、金项链、金耳环以及镶嵌有宝石、珍珠等的黄金首饰仍然被众多的人所喜爱。

（2）黄金最重要的用途是作为货币使用和储存。由于黄金质地均匀、易于分割、体积小而价值高、不易腐蚀损坏、便于携带，所以很早就成为货币的最佳选择。一方面黄金大量地被铸造成金币在市场上流通，被人们收藏；另一方面大量的黄金作为财富的代表也被直接做成金条、金块收藏在各国银行金库以及个人手中。

（3）用在各种工业特别是电子工业上。世界工业用金量约占到总用金量的 10% 左右，而电子工业用金又占到工业用金总量的 60% ~ 70%。其他工业上如在化学工业中做催化剂、玻璃工业中做镀膜、建筑工业中用金箔做装饰、服装工业中做服饰等。

（4）在医学上，特别是广泛用于牙科中。由于黄金性质稳定，对牙齿损伤小，除了作包金假牙之外，还广泛用于制造含金的人造瓷牙。

（5）做奖章、奖杯和纪念章等。

（二）官方储备（Offical Reserve）

官方储备，也就是我们通常所说的外汇储备，主要由两部分组成：黄金储备（Gold Reserve）和货币储备（Currency Reserve），后者通常由美元、欧元、日元、英镑等硬通货组成。

世界各国的黄金储备在官方储备中所占的比例很不相同，据世界黄金协会统计，前20位国家和地区（包括国际组织）至2005年年底拥有黄金储备的统计数字，如表1-3所示：

表1-3　2005年9月世界前20位官方黄金储备

序号	名称	数量（吨）	黄金占储备（%）
1	美国	8133.5	74.5
2	德国	3423.5	61.4
3	国际货币基金组织	3217.3	
4	法国	2768.0	62.9
5	意大利	2451.8	66.1
6	瑞士	1290.1	42.1
7	日本	765.2	1.8
8	欧洲央行	662.9	25.8
9	荷兰	654.9	57.3

续表

名次	公司名称	国家	产量（吨）
10	中国	600.0	1.3
11	西班牙	457.7	48.9
12	中国台湾	423.3	3.2
13	葡萄牙	402.5	80.3
14	俄罗斯	385.5	3.0
15	印度	357.7	4.4
16	委内瑞拉	357.1	23.3
17	英国	310.3	14.1
18	奥地利	290.8	43.3
19	黎巴嫩	286.8	31.0
20	比利时	227.7	34.9

　　由于近些年来黄金在世界金融市场中的作用日趋缩小，而黄金作为各国央行资产的一部分，难于对其进行操作，往往不仅得不到收益，还要付出保管费。因而一些央行倾向于减少持有黄金，即出售黄金，增持收益大的货币外汇。

四、黄金的供应和需求

　　黄金的最大特点是兼有金融和商品双重特性，这是我们在进行黄金投资时应当时刻牢记的。一方面，黄金表现出货币的特点，它有同质性，在世界各地都可以买到同样的黄金。在投资市场上购买黄金时通常只要了解它的数量和价格，而不用管它是什么地方出产的，甚至有时纯度都无关紧要，因为交易时依据的是金条中纯金的含量。而不像原油市场上纽约原油和伦敦原油的质量就不同，自然价格也不一样。黄金可以像货币一样存入银行，获取收益，也可以从银行借贷，只要付出一定的借贷利率，这都使它更像金融产品。另一方面，在金融上黄金起到货币的作用，但其最主要的特点是不像信用货币可以无限复制，其数量有限，而且有其内在价值，并非如纸币那样，一旦贬值就会成为废纸一张。

而作为商品，黄金不像其他商品那样随生产随消耗，受生产和消费的影响大。黄金的数量有限，但是消耗很慢、很少，人类历史上生产出来的黄金大都还存世，目前地面存金的总量超过15万吨.而每年新生产出来的黄金数量只有两千多吨。因此，其价格主要取决于地面存量黄金流动的方向，而非产量的大小，这是黄金市场与原油、农产品乃至其他金属商品市场大不相同的地方。

由于黄金的地面存量巨大，因此其供应来源与其他商品大不相同。供应主要来自矿产金、央行售金和再生金，有时还会有一些投资者把手中的黄金抛出，我们称之为逆向投资，也增加了黄金的供应。

央行售金是一些国家的中央银行把国家储备中的黄金出售，换成货币。目前出售黄金的主要是一些欧洲国家的央行。由于欧洲央行规定各国需保留15%的黄金储备，而目前许多国家持有的黄金大大超过这个比例，因此一些国家的央行出售黄金，换成易于操作的外汇储备，政府还能增加一部分收入。

再生金则是指消费者将手中持有的黄金（主要是首饰）变为货币的部分（不包括以旧换新），通常这些黄金就被回炉重新投入生产制造业，这种现象在印度和一些中东国家如埃及较为普遍。

逆向投资通常出现在金价上涨过快的时候，一些投资者将手中已经获利的黄金或者黄金资产出售兑现，也成为供应市场的一部分。而在预期金价会继续上升的时候，投资者就会更多地买入而不是卖出黄金，也就是我们通常所说的正向投资，在市场中就表现为需求。

黄金的需求主要由制造用金（其中最大部分是首饰用金）和投资需求组成，加上少量的央行购金和生产商购金。

目前每年制造用金数量在 3000 吨左右，其中首饰用金要占到 80% ~90% 。

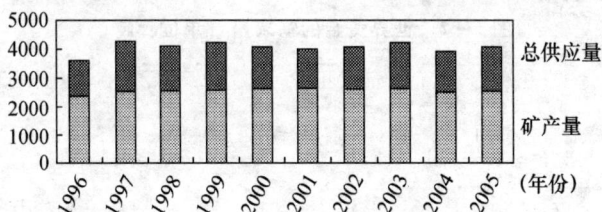

图 1 - 1　世界黄金产量和总供应量（单位：吨）

近十年来，绝大多数年份里黄金投资净值都是正数，也就是说买入黄金是主流。当然总有以前的投资者在适当的时候卖出，成为供应的一部分。

近十年来，央行售金的净量（买卖相抵）一直是正数，但是历史上也有过央行买入为主的时候。如果情况发生变化，例如要是亚洲央行增加黄金储备，由于其手中持有大量美元，也会对黄金市场产生巨大的影响。

生产商虽然一般情况下都是出售黄金的，但是如果他们认为目前金价很便宜，而以后金价还会上涨，这时他们手中如果有余钱的话，也可能买入黄金待将来金价上涨后再卖出。

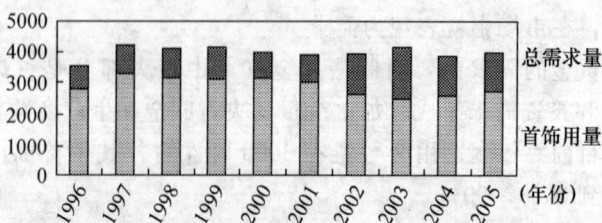

图 1-2　世界黄金的需求量（单位：吨）

第 2 章

黄金市场

一、黄金市场的历史

在古代，因为黄金极其稀有，开采困难，是一种贵重物品，所以主要是在皇家和有钱人的手中，成为财富和权力的象征，或者用于供奉神灵。所以，那时并不存在黄金市场。

进入 19 世纪，先后在俄国、美国、澳大利亚、南非和加拿大发现了丰富的金矿资源，随着采矿技术的发展，大量黄金被开采出来。仅 19 世纪后半叶，人类生产的黄金就超过了过去 5000 年的产量总和。自 19 世纪到 20 世纪初，许多国家实行了金本位制，也就是说黄金就是货币，既可以用普通货币兑换黄金，也可以用黄金兑换货币。这时只存在有限范围内的黄金市场，黄金通过市场在官方严格控制下在各国间以及国内流通。

第一次世界大战爆发后，各国纷纷加强了贸易管制，禁止黄金自由买卖和进出口，黄金市场被迫取消了。

第二次世界大战以后，美国借助其在世界上的政治经济强势地位，使美元成为世界上最主要的货币，即美元和黄金挂钩，其他货币和美元挂钩，各国间用美元进行结算。

1944年7月1日，在美国新罕布什尔州布雷顿森林举行了由美、英、法、中等44国代表参加的世界货币金融会议，在会上通过了《国际货币基金组织协定》，建立了以美元为中心的国际货币体系，即通常所称的"布雷顿森林体系"。其主要内容是：以美元作为国际货币结算的基础，美元成为世界最主要的国际储备货币；美元直接与黄金挂钩（1盎司黄金＝35美元），各国可按官价向美国兑换黄金；各国货币与美元实行固定汇率制，一般只能在平价1%上下幅度波动，如果超过规定界限，各国则有义务进行干预。

这个体系的建立对二战后扩大国际贸易往来和各国经济的恢复与发展起到了很大的作用。但是随着各国经济的发展，美国经济在世界经济中的比重不断下降，美元再也难以维持其和黄金的特殊关系了。

由于20世纪60年代后期，美国进一步扩大了侵越战争，国际收支进一步恶化，美元危机再度爆发。美国黄金储备大量外流，无法维持黄金每盎司35美元的官价。在经过和其他国家协商后，美国政府宣布不再按官价向市场供应黄金，市场金价自由浮动，但各国政府或中央银行之间仍按官价结算。

1973年3月，因为美元贬值，再次引发了欧洲抛售美元、抢购黄金的风潮。西方各国经过磋商，最终达成协议，放弃固定汇率，实行浮动汇率。至此"布雷顿森林货币体系"完全崩溃。这就是黄金非货币化的开始。

1975年，美国政府允许私人买卖和储存黄金。

1978年，国际货币基金组织以多数票通过批准了修改后的《国际货币基金协定》。决定黄金不再作为货币平价的共同单位，取消了黄金官价。黄金可在市场上自由买卖，基金组织不再干预黄金交易的市场价格，自此开始了黄金市场化的进程。

1972年，加拿大温尼伯商品交易所开始试验黄金期货交易。1974年，纽约商品交易所引入黄金期货。

1983年，以伦敦为交易中心，以苏黎世为周转中心，连接东京、纽约、开普敦等地的全球黄金市场体系基本形成。

国际黄金非货币化的结果，使黄金成为了可以自由拥有和自由买卖的商品，黄金从国家金库走向了寻常百姓家，其流动性大大增强，黄金交易规模增加，因此，为黄金市场的发育、发展提供了现实的经济环境。黄金非货币化使各国逐步放松了黄金管制，是当今黄金市场得以发展的条件，但是黄金在实际的经济生活中并没有完全退出金融领域，目前黄金仍作为一种公认的金融资产活跃在投资领域，并有相当数量仍被国家或个人作为储备资产。

国家放开黄金管制不仅使商品黄金市场得以发展，同时也促使金融黄金市场迅速地发展起来。并且由于交易工具的不断创新，几十倍、上百倍地扩大了黄金市场的规模。现在的世界黄金市场中，商品实物黄金交易额不足总交易额的3%，90%以上的市场份额是黄金金融衍生物。而世界各国央行仍保留了高达2.9万吨的黄金储备。在1999年9月26日欧洲15个央行的声明中，再次确认黄金仍是公认的金融资产。因此，我们不能单纯地将黄金市场的发展原因归结为黄金非货币化的结果，也不能把黄金市场视为单纯的商品市场，只能说在国际货币体制中黄金非货币化的条件下，黄金开始由货币属性主导的阶段向商品属性回归的阶段发展。国家放开了黄金管制，使市场机制在黄金流通及黄金资源配置方面发挥出日益增强的作用，但目前黄金仍是一种具有金融属性的特殊商品。

二、黄金市场的构成

（一）黄金市场中的供求关系

黄金市场和其他任何市场一样，由供方和需方组成。与其他商品不同的是，黄金有着巨大的地面存量，而且和每年的全球产量相比要大得多。

黄金的供应者主要有：产金商、出售或出借黄金的央行，打算出售黄金的私人或集团。黄金的需求者主要有：黄金的加工商，购入或回收黄金的央行，进行保值或投资的购买者。市场上还有大量既买入又卖出的参与者，例如，从事投机交易的基金、各种法人机构和个人投资者；保持市场活跃的做市商，即从事黄金业务的商业银行；从事黄金交易的交易商以及仅从事代理活动的经纪商等。当然，供应者和需求者之间并没有截然的界限，例如，金价下跌时生产商提前出售黄金做对冲以求套期保值，而在金价上涨时他们又会买人黄金将对冲抵消掉。央行也往往并非对持有的黄金进行买卖，而是在市场上出借，借以获取利息收入，这样实际上就增加了黄金市场上的供应；而当借金的人减少时他们又会把多余的金收回，从而减少了黄金市场上的供应。

下面介绍黄金市场中各部分组成的特点。

做市商（market maker）： 例如目前伦敦黄金市场上有9个做市商，做市商大都是商业银行，他们在市场上不断报出买价和卖价，保持市场活跃。由于他们与世界上各大金矿和黄金商有着广泛的联系，同时其下属的各个分支机构又直接与许多商店和顾客相联系，所以能够得到大量的业务。它们本身在黄金交易中并不另外收取手续费，只是获取差价。

商业银行： 有的银行自己做黄金业务，也有的只是代客户进行买卖和结算。向生产商和加工商融资也是他们的重要业务。

基金（fund）： 其中最重要的是商品基金和对冲基金。商品基金是主要从事某种商品业务的基金，例如，有的基金从事原油业务，有的从事金属业务，也有的专门从事黄金业务。黄金基金主要进行长期投资，低吸高抛，是市场的稳定力量。对冲基金则是在不同的领域用较小的资金做投机，借以获取大的利润。他们往往在黄金市场买空卖空，大量持有空头或者多头仓位，将金价压低或者拉高后平仓获利。由于他们手中资金充裕，而在市场上又实行杠杆运作，所以往往对市场价格有很大的影响力。

交易所交易黄金基金（ETFs）： 这是最近几年新出现的一种基金，他们在股市上出售基金股份，而后用所得资金买成黄金存放，通常每个基金单位等于 1/10 盎司的黄金。这样交易者就相当于可以随时在股市上买卖现货黄金，基金价格随着国际金价波动起伏，为交易者提供了方便，而这种基金就成为市场中一种投资力量。到 2006 年 2 月底，各国这类基金持金合计达到了 490 吨，其中以在美国纽约上市的 street TRACKS 基金占的比例最大。

商品贸易顾问（ATC）：和普通基金相类似，但经营的规模要小一些。

央行（central bank）：包括各个国家的中央银行以及一些国际组织的金融机构。他们手中持有大量黄金（到 2005 年年底仍有 2.9 万吨），所以它们的行为往往对市场造成极大的影响。目前，总的来说世界上的央行以售金为主，而且主要集中在欧洲一些国家。自 1999 年欧洲 15 个央行签署了关于限制出售和借贷黄金的华盛顿协议以后，他们的操作变得透明，而且数量有限，对稳定国际黄金市场起到了至关重要的作用。

交易商（trader）：依靠本身的实力进行黄金的买卖业务，从中获利。

经纪人（broker）：他们本身并不进行黄金的买卖，只是为客户代理黄金买卖业务，从中获取佣金。

投资者（investor）：包括各种机构和个人投资者。一种投资者主要是把黄金作为能够回避纸币风险的保值资产，作为通货膨胀、各种政治经济动乱不安的避难所；另一种投资者则是把黄金作为投机对象，力图在市场波动中获利，同时也承担其风险，我们常称之为投机商（speculator）。

生产商（producer, miner）：他们在市场上出售自己矿山开采出来的黄金。在金价下跌时，他们为了确保所得的利润，往往提前销售，这些提前销售的黄金就称做对冲。而在金价上涨时，他们又会减少对冲的数量。

（二）黄金市场的结构

国际上的黄金市场由若干部分组成：

最主要的是国际黄金市场中的现货黄金（spot gold）交易，它是以伦敦黄金市场为基础，采用伦敦当地结算，在一天 24 小时里绝大部分时间都在进行交易，其价格就是我们通常所说的国际金价，其交易对象主要是纯金。参与交易的是该市场的会员，每笔成交的数量通常都在 1000 盎司以上。各个会员又有很多自身的客户，他们一方面自己在客户的供需关系中进行相互冲销，另一方面则通过国际市场求得平衡。

现货黄金市场中的许多交易者并非以取得实物为目的，而是企图在金价波动的买卖中获利，我们称之为投机商。

也有部分交易者是以取得实际金属为目的，这些人我们称之为实金（physical gold）购买者，这种交易叫做实金交易。

伦敦黄金市场中的指定账户金条和非指定账户金条，就是分别为这两种不同目的的交易服务。

伦敦黄金市场 2005 年的交易量达到 6147.9 吨，总价值 886 亿美元。

围绕着现货市场进行的场外交易中大量的期货（远期）、掉期、存贷、期权等，这些交易也在一定程度上影响着现货黄金市场中的价格。

第二个重要市场是纽约、芝加哥、东京等地的期货市场，它们是标准期货交易市场，以投机为主，市场中的绝大部分合约并不交割，而是在到期后转到下个活跃交易品种或者平仓，但是其价格对现货市场经常有重要的影响。

2005 年纽约商品交易所期货交易量为 49425 吨。

2005 年东京商品交易所期货交易量为 17958 吨。

然后才是分布在世界各地的各个黄金市场，例如，香港、孟买、迪拜等各个为当地以及附近地区服务的黄金市场。

（三）黄金如何在市场中流转

由于世界上的地面黄金存量巨大，而参加黄金市场交易的数量有限，所以我们也根据黄金与市场的关系划分出不同层次，把黄金分为地面存金、供应部分和需求部分。

供应部分主要来自矿产金、央行售金和再生金。这里的再生金是指消费者将手中持有的黄金（主要是首饰）变为货币的部分（不包括以旧换新）。

需求部分主要是黄金加工商和投资者。

供应部分中的矿产金来自地下，央行售金和再生金来自地面存金，而需求部分又都转化为地面存金。供应部分通过黄金市场转化为需求部分，最终实现供应部分和需求部分的数量基本相等。转化的过程就是黄金在市场上停留的过程，绝大部分黄金只是在市场中的过客，而在市场中则要保留一部分黄金以保持市场的活跃。

首先是直接在市场上参加交易的这部分黄金，包括市场金库中的黄金、交易者手中持有的黄金等，因为是随时处于正在参加交易或准备参加交易的状态，我们称之为流通量（liquidity），或者叫做头寸。市场活跃的时候流通量就大。

其次是随时准备投入市场的这部分黄金。它们平时在市场之外，但是在适当的时机，也会加入黄金市场。例如，当金价升高时我们看到黄金的出售量就增加了，包括央行的售金、机构或者私人手中持有的黄金（金条、金币、首饰等）的出售量都增加了。它们好像市场的蓄水池，在必要时流到市场中来，我们称之为黄金储备部分（gold pool）。

还有很大部分黄金是基本上不参与市场交易的，包括大部分国家的黄金储备、大部分机构或私人手中持有的黄金（包括黄金首饰）等。

弄清这些关系对我们了解国际黄金市场价格的变化有重要的作用。其主要关系如图2-1所示。

每年世界上生产大约两千多吨黄金，2005年全球生产了2519吨黄金，但是并不等于说黄金市场上每年会新增这么多来自矿产金的黄金供应。在金价下跌时，生产商为了保证能够卖到好价钱，往往在黄金还没有生产出来时就提前卖掉，最多时有的生产商提前好几年就把这些黄金出售了。我们称其为对冲。这样就使市场上的供应增加了。而在金价上涨时，生产商又常常不再做新的对冲，只是在以前的合同到期时交付生产出来的黄金。因为这些黄金早已进入市场，所以就减少了市场上的供应量。更有甚者则是有的生产商在市场上买入黄金，用于抵消以前签下的对冲合约，我们称之为回购。

那么这些提前进入市场的黄金是从哪里来的呢？主要来自于央行。央行把黄金储备中的黄金拿到市场上出借，从而

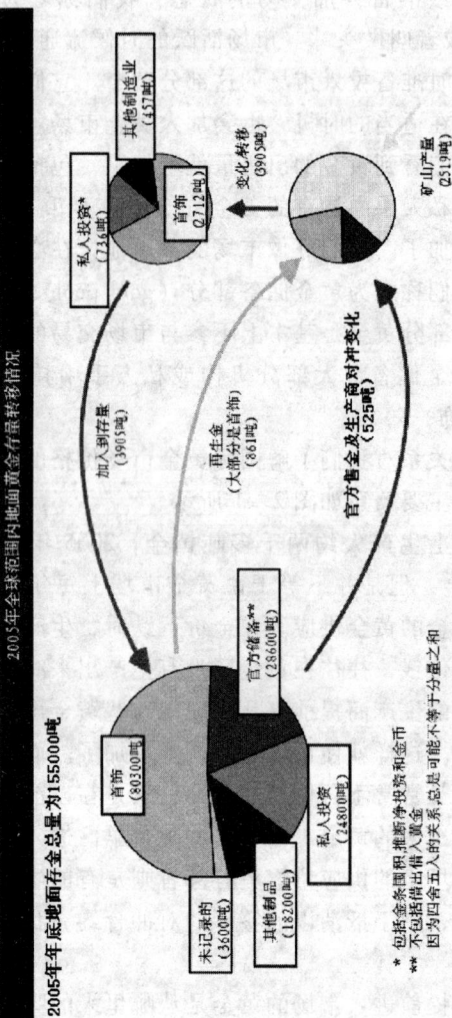

2005年全球范围内地面黄金存量转移情况

2005年底地面存金总量为155000吨

图2-1 全球范围内地面黄金存量转移情况

* 包括金条囤积和断净投资和金币

** 不包括损失借人藏金
因为四舍五入的关系,总量可能不等于分量之和

获得一定的收益。在生产商停止借入甚至开始归还以前借走的黄金时，央行就开始收回这部分黄金，这样市场上的供应就减少了。

三、国际黄金市场

黄金市场，是指集中公开地进行黄金买卖的有组织管理的交易场所。国际黄金市场是国际金融市场的一个组成部分，也是世界各地黄金买卖的交易中心。黄金市场一般须按照有关的法律法令，经所在地政府的批准或认可才能成立和运行。

目前世界上大大小小的黄金市场约有 40 多个，各个市场在不同的地域和范围发挥各自的作用，而且通过电话和网络等构成一个整体，一天 24 小时不间断地进行着黄金交易。国际黄金市场中比较重要、影响大的有伦敦、纽约、苏黎世、香港等。其他市场的影响则大都集中在一个区域内，例如，法兰克福、巴黎、布鲁塞尔、东京、迪拜、孟买、新加坡、伊斯坦布尔、温尼伯、纽约、芝加哥等。

当前国际上的普遍做法是根据黄金市场的地点和交易时间不同，将其划分为三大块：亚洲市场、欧洲市场和美洲市场。

亚洲市场包括悉尼、东京、香港、新加坡、孟买等，最主要的是东京和香港；欧洲市场包括伊斯坦布尔、苏黎世、伦敦等，最主要的是伦敦和苏黎世；美洲交易市场包括纽约、芝加哥、加拿大的温尼伯等，最主要的是纽约。

　　一天的交易在夜间稍事休息之后，早晨从悉尼开始亚洲的黄金交易，随后具有影响的则是东京和香港期货市场。欧洲市场最具有影响的是伦敦定盘价。而在伦敦下午定盘价开出之后，纽约也迎来了交易时间，最具影响力的则是纽约商品交易所的当期活跃月份的期货金价，在其带动下往往纽约现货金价也产生很大波动。在纽约市场闭市后还有电子交易市场，这样就构成了一天内基本不停顿的国际黄金交易市场。

（一）伦敦黄金市场

　　伦敦黄金市场历史悠久，是世界上最具特色也最有影响的黄金市场。1919 年伦敦金市正式成立，以前主要是经营黄金现货交易，自 1982 年开始期货交易。目前伦敦仍是世界上最重要的黄金现货市场，交易的黄金数量巨大，是世界上唯一可以成吨购买黄金的市场。伦敦黄金市场每天上下午的"定盘价"在世界黄金市场上有巨大的影响力，成为反映世界黄金市场行情的晴雨表。

　　伦敦黄金市场现有 9 个做市商会员、52 个正式会员和 44 个准会员。这 9 个做市商中有 5 个参加每天上下午的定盘会。市场会员来源广泛，包括商业银行、加工厂、精炼厂、运输公司和经纪商。他们提供了黄金的交易、精炼、运输、保管等全面的服务。

　　伦敦黄金市场的主要特点是实行场外交易，而非交易所交易，也就是说，不像交易所那样有标准的合同、到期日和交货规格，而是所有的会员间或者会员与其客户间的交易都在双方之间完成，风险自担。而且报价是根据所需的数量、质量、规格、交货期、交货地点等而单独设定的。其好处是交易保密性好，灵活性高。

伦敦黄金市场是一个大的黄金批发市场，做市商之间的现货金标准交易每笔交易量在 5000 ~ 10000 盎司之间，期货交易做美元掉期时每笔交易量不少于 32000 盎司。会员与客户之间的交易每笔一般也不少于 1000 盎司。

伦敦黄金市场的认证金锭成色规定为 > 99.5%，重量在 350 ~ 400 盎司之间，用 0.025 盎司的倍数表示。通常金锭的重量都接近 400 盎司或者 12.5 公斤。只有伦敦黄金市场认可的金锭生产厂家生产出来的认证金锭才可以参加交易。不过会员可以为其客户提供所需要的各种规格和成色的金条。

市场交易的报价单位是美元/盎司，这里的盎司是指纯金，也就是用金锭的重量乘以纯度得到纯金的含量（8 舍 9 入），即该金锭所含的纯金盎司数。例如，1 块金锭的重量是 404.075 盎司，纯度为 995.8，则其纯金含量为 402.377 盎司（计算公式：404.075 × 0.9958 = 402.377885，因其第 4 位小数为 8，被舍去）。而如果这块金锭的纯度是 999.5，则其纯金含量为 403.873 盎司（计算公式：404.075 × 0.9995 = 403.8729625，因其第 4 位小数为 9，被进上去）。

伦敦黄金市场使用"伦敦本地"账户在伦敦银行进行交易的清算，并将该账户的应用推广到世界各地。账户分为两类：指定账户和非指定账户。指定账户中的金锭是在伦敦金库中实际存在的，并将产地、规格、出厂编号等都做了登记，它们是其所有者的财产。一个指定账户上的金锭变更所有权时，就要进行实体的搬运，金锭不可以透支。而非指定账户中只记载金锭的盎司数，金锭归金库所有者管理，金锭的持有者并不知道哪些金锭是他的，这种账户中的负数表示客户向交易商透支的数量。如果需要变成实金，可以实际把数量质量相符的金锭转移到其指定账户上面，通常当天就可以完成，并在两天内得到实金。

伦敦黄金市场有本身的金库，各大交易商也大都有自己的金库。在进行交易时这些黄金并不一定进行实际的金属交货，而只是在账面上的转移。

伦敦黄金市场在伦敦的工作日运作，每天上下午的两次定盘会上给出定盘价，其余时间则由做市商给出买卖的双向价格报价，交易根据这些价格完成。交易后两天内完成清算和交割。做市商一般是大银行，他们同时给出黄金的买价和卖价，从中赚取差价，同时使市场保持活跃。一般他们给出的买卖价差为50美分，金价波动大时价差也可能增大。如果没有做市商的参与，交易双方给出的买卖差价有可能相差很大而长时间不能成交。

在这个基本报价的基础上，交易商可以提供各种纯度、规格的金条，发送到世界各地。当然要加上手续费、保险费和运费。也可以根据美元金价和汇率，给出其他货币的报价。也有时其他地方的金价比伦敦还低，这要看供求关系而定。

黄金定盘会通常为每日两次（上午10：30 和下午3：00）。参与定盘会的是世界五大从事黄金业务的银行：加拿大丰业银行（The Bank of Nova Scotia – ScotiaMocatta）、巴克莱银行（Barclays Bank Plc）、德意志银行（Deutsche

Bank AG)、美国汇丰银行伦敦支行 (HSBC Bank USA London Branch) 和法国兴业银行 (SG)。五大银行轮流担任主席，任期一年。现在定盘会的代表已经不再坐在一起商量定价，而是通过电话系统联系定价。首先由主席根据市场最近的价格定出一个适当的开盘价，同时这个价格也通过路透社呈现在各个相关部门和人员的电脑系统终端。客户会将在这个价格下买入或者卖出的数量告诉各个银行的交易室，他们在收到全部订单后把所有数量加在一起，得出最终所买入或者卖出或者不买也不卖的结果，然后通过代表将这个数量告诉定盘会主席。如果开盘价过高，市场上没有多少买方，主席会降低报价；而如果市场上卖盘过少，主席会适当提高报价，直到买卖平衡。定盘会就在这样的供求关系中商定出新价格。定价的最后价格也就是供需双方的成交价，最后所有的交易都按这个价格进行，而且买方要交少量的手续费（每盎司交 30 美分，卖方不交）。定价会的时间长短要看市场的供求情况，短则 1 分钟，长可达 1 小时。

由于整个定价过程是透明的，客户可以看到价格的变化和供求的数量，随时可以增加、减少或撤销其订单。定盘交易的好处是价格比较合理，所以很多人都愿意参加定盘交易，而定盘价也因此在世界上有很大的影响力。伦敦黄金市场的掉期交易和期权也都要用定盘价结算。

五大金商分别有自己的销售网络，其他不能直接参与定价的客户则需通过五大金商进行定价交易。

伦敦黄金市场的交易品种包括伦敦当地现货黄金的买卖、黄金存入、贷出、掉期、期货、期权等。

（二）美国黄金市场

美国黄金市场是从 1975 年 1 月开始逐步在商品交易中建立起来的，以期货和期权交易为主。

目前美国共有 5 个黄金市场，主要的是纽约和芝加哥市场，另外还有底特律、旧金山和布法罗。

纽约商品交易所（COMEX）现在是纽约商业交易所（NYMEX）的一个分部，是世界上最大的黄金期货和期权交易场所，它的交易量占到世界上黄金期货交易的大部分。另外是芝加哥商品交易所，也是重要的黄金期货市场。

纽约商品交易所成立于 1933 年，1974 年 12 月 31 日开始黄金期货交易，1984 年开始期权交易，是世界上最大的金属期货交易所。除了黄金和白银之外，还有铜和铝。铂和钯则在 NYMEX 分部交易。

纽约商品交易所的黄金交易单位为 100 金衡盎司（允许 5% 的上下幅度），成色为 99.5%，交割单位为 100 金衡盎司或 1 公斤重的金条。交易的涨跌停板限制为前一天收盘价上下 10 美元，价格变动为 10 美分。交易时间为节假日除外的星期一至星期五的美国东部时间 9：30 ~ 14：30。交易品种为双月的期货。

纽约商品交易所的电子交易系统（ACCESS）在交易所闭市后继续交易，交易时间为纽约时间星期一到星期四 14：00 到第二天早上 8：00，星期天则从 19：00 开始交易。使每天的交易时间连白天交易所交易时间在内，达到约 22 个小时。终端延伸至美国各主要城市、伦敦、悉尼、香港和新加坡。

芝加哥商品交易所（CBOT）主要通过电子交易进行黄

金期货交易，现在成交量增长很快，大有后来居上的意思。

（三）苏黎世黄金市场

苏黎世黄金市场是世界上重要的黄金现货市场，也是最主要的世界金币市场。

苏黎世黄金市场是在第二次世界大战后发展起来的，这里集中了80%的南非产金，前苏联的央行售金，以及瑞士制造的金条、金币等，是世界上仅次于伦敦的第二大黄金现货市场。

与其他市场不同的是苏黎世黄金市场的交易通过瑞士三大银行（瑞士银行、瑞士联合银行和瑞士信贷银行）进行，银行不仅为买卖双方代理交易，而且也直接参与黄金交易。

苏黎世黄金市场不仅是其他销售市场的主要供应者，而且在世界黄金市场上还担当供需双方之间的中间人角色。它从伦敦等地集中购买黄金，然后通过各种渠道销售到世界各地，特别是中东和东南亚市场，起着二次批发的作用。

伦敦是黄金交易的清算中心，苏黎世则是黄金实物交易的物流中心。

（四）香港黄金市场

香港的黄金市场中最主要的是香港金银业贸易市场，它已有90多年的历史，从开始的买卖各国纸币、金银币等发展到以买卖黄金为主的黄金市场，又从一个地区性的市场逐渐发展成为国际性的黄金市场。其黄金主要是来自欧洲，销往东南亚、韩国、日本等。

1974年，香港撤销了对黄金进出口的管制以后，香港金市才迅速发展起来。一方面因为香港优越的金融、地理环境，靠近黄金消费区；另一方面因为香港所在的时区刚好和伦敦、纽约金市互相接力，形成世界完整的黄金市场，因而世界各大金商、银行等纷纷到香港开设分公司，积极参与香港的黄金交易，使香港黄金市场成为世界五大金市之一。

金银业贸易场以华资金商为主，黄金以港元/两（这里指的是司马两，1 司马两 = 37.429 克）定价，交收标准金的成色为 99%，交易单位是 100 司马两（120.337 盎司），主要交易的是规格为 5 两的标准金条，交割地点在香港银行或交易所金库。自 2002 年 4 月起新增了公斤金条，成色为999.9，报价为港元/克，交易单位为 5 千克。目前仍然采用公开叫价、手势成交的传统现货交易方式。

伦敦黄金市场则是由外资金商组成，其交易的黄金在伦敦交收，用美元结算，实际是伦敦金市的延伸。

黄金期货市场是正规的黄金交易市场，其性质和纽约商品交易所的黄金期货一样。

香港的三个黄金市场关系密切，成交量最高的是香港金银贸易场，而影响最大的是当地伦敦金市。许多金商相互跨市买卖黄金，哪个市场有利就涌向哪里，这是香港黄金市场的一大特点，也是推动市场发展的重要原因。

（五）其他黄金市场

新加坡黄金市场。成立于 1969 年 4 月，原先只对英镑区的非当地居民开放，除持有执照的本地金商外，禁止当地居民买卖和持有黄金。1978 年 11 月，新加坡黄金交易所正式开业，使原来只有现货和伦敦交货的两种交易方式扩大到期货。新加坡黄金交易所从事昼夜业务，夜市从21：00到次日凌晨3：30。

新加坡黄金市场是亚太地区的重要市场，印尼和马来西亚的很多黄金业务均通过新加坡市场成交。

日本黄金市场。日本是黄金需求大国，自1978年后日本开始真正实行黄金自由化，大量进口的黄金用于投资。东京期货市场受日本国内形势影响较大，同时因为其交易时间在纽约期货市场之后，其价格在世界上也有一定影响力。

迪拜黄金市场。迪拜黄金市场近年来发展很快，年交易量达到300吨，是中东最大的黄金市场。由于官方对金条、黄金制品的进出口和转口贸易没有任何限制，而且中东居民喜爱购买黄金，使迪拜成为重要的黄金市场之一。

四、黄金市场交易方式

黄金是一种特殊的商品，它既有和大多数其他商品一样能被生产出来和消费掉的特性，又因为它可以长期储存而不变质、易于分割和整合而成为货币，从而具有金融特性。因而它的交易也最复杂、最具特色。

经过多年的发展，国际黄金市场已经具有了多种多样的交易方式，目的都是最终为客户提供最方便有效的途径满足其不同的需要。既使需要买入黄金的客户在所需要的时间地点得到所需数量的黄金，又使需要卖出黄金的客户也可以选择对自己最有利的时间和方式成交；既可以像货币一样为长

31

期持有黄金者提供储蓄使其从中获取收益，也可以为加工者、投机者等不同对象提供任意时间长短而方便的租赁、借贷，等等。下面介绍黄金市场中主要的几种交易方式。

（一）现货（即期）黄金交易（Spot Gold Transaction）

最普通的黄金市场交易方式自然是现货交易，不过并非像我们通常所说的一手交钱，一手交货，一般要求在 1 ~ 2 个工作日内完成交割手续。现货黄金交易是黄金市场中最基本的交易，也是其他各种交易的基础。

国际市场中最重要的现货黄金交易，就是伦敦黄金协会的会员间的现货交易，这种现货交易以伦敦黄金市场认证金锭（London Good Delivery）为基础，以伦敦金银交割（London Bullion Clearing）进行结算，通常被称做伦敦金或者伦敦本地金（Loco London）。由于伦敦金开发得早，世界上各个主要的黄金交易参与者都在伦敦金银市场协会拥有席位，他们之间的交易大都使用伦敦金银交割结算。所以虽然目前伦敦黄金市场的交易量几乎在逐年下降，但仍旧是世界上最重要的现货市场，它占了全世界黄金现货交易的很大部分。

伦敦黄金市场的交易是一种无形市场交易，也就是说，并不存在一个伦敦黄金市场的交易场所，交易主要是在各大金商之间，客户和金商之间一对一单独完成的，所以被称为场外交易市场。交易通常在交易日当天之后的两个工作日内完成结算和交割。

伦敦金交易的单位是金衡盎司纯金，而与金锭的纯度无关。货币单位通常使用美元，不过其他货币的金价也可得到，但我们通常所说的国际金价，都是指美元金价。虽然用

32

于交割的标准金锭必须达到 995 的纯度，但是参加交易时需用金锭的重量乘以其纯度，得到纯金的含量，才是交易中的黄金重量。

由于许多交易者并不在交易后把黄金提走，所以伦敦黄金交割的账户分为指定账户和非指定账户。指定账户是用来提金的，账户中的金锭都标明了号码、重量、纯度等，所以这些金锭是属于客户的，一般来说不会出现负值。而非指定账户则只标明其所拥有的纯金的数量，以便随时参加交易。其账户中的正数表示拥有黄金，负数则表示亏欠黄金。

当然，交易商可以根据客户的要求在世界上任何地点提供各种重量、规格、纯度和符合其他要求的金锭，只不过价格就必须另外商定了。

我们通常所说的国际金价主要就是指伦敦黄金市场中的成交价。伦敦黄金市场每天早晨从悉尼、东京开始交易，随后有香港、苏黎世、伦敦等，最后在纽约收市。该价格同时使用于几个地方，因而我们叫它环球金价，或者就称为国际金价。相比之下，其他的黄金市场中的现货交易的范围就要小得多，其价格与伦敦金的价格也会有所差别。

伦敦市场的黄金现货交易主要有两种方式，一是通过做市商在市场营业期间提供的双向报价即买价和卖价进行，一是通过在交易日上下午的定盘价方式进行。定盘价买入和卖出只有一个价格，只是在成交时买方需交一些手续费，很多人都愿意参加定盘交易，所以定盘价在国际市场上有很大的影响。

我们可以把市场上的参与者大致分成两类：

一类是大部分时间站在市场之外的黄金供应者和需求

者。供应者手中持有黄金，他们到市场上来，是为了用手中的黄金换成货币以做他用。需求者手中持有货币，他们到市场中来，是为了用手中的货币换成黄金用于加工成其他产品，如首饰，或是为了投资而持有它。

另一类是大部分时间都待在市场中的交易商和投机商。交易商手中同时持有黄金和货币，不断地用黄金换成货币，又用货币换成黄金，他们是市场的中间人，通过不断的买卖差价获取利润。投机商则同样手中同时持有黄金和货币，不断地用黄金换成货币，又用货币换成黄金，利用市场波动获利，同时承担因此而带来的风险，由于他们的存在使市场保持活跃。

供应者和需求者之间并没有绝对的界限，例如，生产商虽然用矿山生产出来的黄金供应市场，但是在金价上涨时也会回购黄金而成为市场上的需求者。

在黄金现货交易中，当客户作为供应者出售黄金时，交易商从客户手中买入黄金，使手中持有的黄金头寸增加，同时减少了货币头寸。而当客户作为需求者购买黄金时，交易商把黄金出售给客户，减少了手中的黄金头寸，同时使手中持有的货币头寸增加。

（二）远期黄金交易（gold forward transaction）

远期交易是从现货交易发展来的，过去在谷物交易中，因为每年收成难于提前确定，收成好了可能卖不上价钱，收成不好也可能买不到，于是就发展了远期交易，由买主提前向生产者交一定数量的定金，到谷物成熟后时则由买主按照预先规定好的价格收购。

　　如今矿山出售黄金时大都采用远期方式，并不是等黄金
生产出来后再拿去卖，而是提前卖掉，因为这样可以把所得
到的资金用于再生产，或者做其他再投资。

　　远期黄金交易是指在现在达成的在未来某个时候进行结
算和交割的交易。采用远期交易的主要是对可能出现的不利
价格走势寻求保护的生产者。

　　在单纯的黄金远期交易中，交易商为避免风险，通常要
调整手中仓位。当客户要购买远期时，交易商就从资金市场
上借入美元，在黄金市场上买入现货黄金。然后把得到的黄
金拿到借贷市场上出借，获取借贷收益。在到期时把黄金取
回，卖给客户。在此期间，交易商手中的黄金头寸增加，而
货币头寸减少。在交易结束后，交易商减少黄金头寸，增加
了货币头寸。

　　在这个交易中，交易商的交易成本是购买现货黄金的成
本加上这段时间内因交易融资所支付的利息减去出借黄金产
生的收益。

　　市场上的远期交易报价通常以远期利率形式报出，也就
是现货黄金的价格加上这段时期的利息。例如，交易商为 3
个月期的远期黄金报价 5.5% ~ 5.75%，表示远期黄金的价
格比现货黄金的价格高出 5.5%（买入）到 5.75%（卖
出），其中现货黄金的价格按市场报价取中间值，例如，现
货黄金的价格是 582.25（买价）和 582.75（卖价），中间
价是 582.50，一年的天数按照 360 天计算。

　　计算利息的方法如下：

　　$\$582.50 \times 90/360 \times 5.5\% = \$8.01$

　　则 3 个月的远期价格为：

$582.50 + $8.01 = 590.51

用公式表示就是：

远期利息 = 现货金价格 × 天数/360 × 远期利率

远期价格 = 现货金价格 + 远期利息

（三） 黄金存贷交易（gold loan transaction）

世界上已经生产出来的黄金中有很大一部分被人长期保存，作为储备或者投资。特别是各国央行持有近 3 万吨黄金。这些黄金如果仅仅放在仓库里，既要支付保管费又不能产生任何收益。所以他们就把这些黄金借给别人用，这些人则要付一定费用，这种借贷活动通常通过商业银行进行，和普通货币借贷的关系是一样的，我们称其为黄金的寄存和借贷。这种交易被称之为存贷交易或者租赁交易，相关的利率被称做贷金利率（lease rate）。

贷金市场上的出借者主要是各国的中央银行和其他长期持有者，借入者则主要是做对冲以寻求套期保值的生产商、在市场上寻求短期差价的投机商和为节省资金回避风险而借入黄金的加工商、销售商。

市场上支付黄金的借贷利息用盎司来计算，如果是短期借贷，通常用美元支付，其价格基础是在借贷交易开始时协商好的金属美元价格，因此其利息等于：

$$B × R ÷ 100 × d ÷ 360 × P$$

其中：B = 金锭的盎司数

R = 贷金利率

d = 天数

P = 为计算利率而达成的黄金价格

当期限超过一年时，利息通常按年以金属支付，支付的单位是盎司。因此这样的交易计算公式是：

B × R ÷ 100 × d ÷ 360 = 到期要偿付的以金属盎司为单位的利息

（四）黄金掉期交易（gold swap transaction）

黄金存贷时存入的一方能每年得到利息，但收益比较低。如果希望在贷出的同时得到一笔货币做他用，到期时再赎回来，类似于到典当行里当出去的做法，这就是掉期。掉期也可以理解为一个现货交易和一个远期交易的合成，对贷方来说，即卖出现货合约买入远期合约，对借方来说，即买入现货合约卖出远期合约。当然也可以是在两个远期交易合约之间掉期，但两个交易的到期时间不同。

如前面所述，掉期利率是从通过提供基础交易的交易商所发生的成本中得出的。例如，客户是远期的购买者，交易商的成本是为购入现货金属而借入货币直至远期交易日的融资成本，减去贷出金属直至远期交易日所得的利息。决定远期交易中利率高低的主要因素是黄金的流通量大小，也就是得到所需黄金的难易程度。

远期利率 = 美元利率 − 金属借贷利率

传统上贷金利率都比美元利率要低。这就意味着远期价格高于现货价格，这种情况被称为期货溢价。在有的情况下，当进入市场用于租赁的黄金流通量不多时，借入金属的成本可能会超过借入美元的成本。这时远期的价格就会低于现货价格，这种情况叫做现货溢价。

在做远期报价时，如果前面的数字小，如 5.50 ~ 5.75，

则是期货溢价；如果前面的数字大，如 5.75 ~ 5.50，则是
现货溢价。

金属的流通量也就是市场上可用于流通的黄金头寸的多
少，是决定贷金利率的主要因素。当市场上有足够的金属用
于租赁时，通常会有低的贷金利率和高的期货溢价；而当市
场上用于租赁的金属显得紧缺时，就会造成高的贷金利率和
低的甚至是负的期货溢价。

在 www.kitco.com 网站上我们可以看到 1，2，3，6 和
12 个月的贷金利率，例如，2006 年 10 月 23 日的利率，如
表 2 - 1 所示。

表 2 - 1　利率表

期限	黄金远期拆借利率 （Forward Rate）	伦敦同业银行拆借利率（LIBOR Rate）	贷金利率 （Lease Rate）
1 个月	5.24143	5.32000	0.07857
2 个月	5.24571	5.35000	0.10429
3 个月	5.25429	5.37563	0.12134
6 个月	5.27143	5.40875	0.13732
1 年	5.26571	5.40000	0.13429

其中，贷金利率 = 伦敦同业银行利率 - 黄金远期拆借
利率

由此，我们可以看出金价和利率之间存在的关系：

远期金价 = 现货金价 ×（银行利率 - 贷金利率）

（五）　黄金期权交易（gold option transaction）

在远期交易中，有时一方并不愿在一个确定的日期出售或买入，而是希望能在一段时期内选择对自己有利的时间进行，由此演变成了期权。

期权是这样一种交易，购买期权的一方在将来一定时间内有选择是否以事先商定的价格买入（或卖出）一定数量和规格的某种标的物或其合约的权利，而卖方有义务按照规定的条件满足买方未来买卖的要求。买方为获取此权利须向卖方支付一定的费用称做权利金。在黄金市场上的标的物就是黄金。换句话说，期权的买入方在向出售方交付一笔权利金后就在规定的日期或在此之前，有权但不是义务向出售方按照商定的价格出售或者买入规定数量的黄金。

在伦敦黄金市场上，许多会员提供场外交易市场的黄金期权报价，同时交易商也可以通过协商为客户提供包括到期日、价格、权利金、执行方式等各种条件在内而量身定做的期权。而有时客户也会根据需要，愿意在可接受的风险下卖出期权，以获得权利金。

（六）　其他交易品种

除了这些交易品种之外，我们还可以看到市场上有一些工具，为人们进行黄金买卖时提供便利，下面介绍几种：

递延账户： 这是一种借贷工具，它使资金不多的人可以得到黄金用于市场操作，起到杠杆作用，而且非常灵活。

在这种交易中买方用交付的保证金换取在市场中运作的黄金，但是双方并不进行结算。客户的黄金非指定账户和资金账户上分别根据其借贷状况付出或者得到利息。也就是说，买方得到的不是黄金的所有权，只是使用权，根据黄金用量的多少支付利息；而资金也并未交给对方，只是相当于活期存款，对方因此支付利息。为了避免操作不当导致亏损过量，每天还要对其操作进行结算，看操作的收益如何。如果亏损了，则贷金者须增加保证金。

递延远期合同：在普通的远期合同中，合同到期时双方必须按照规定的价格成交，这样如果金价上涨，高于规定价格，则出售黄金的一方就会遭受损失。而在递延远期合同中，如果到期时金价上涨，高于原先规定的价格，出售黄金的一方有权暂不执行合同，而把合同向后滚动也就是推迟一段时间，同时可以将自己手中的黄金拿到市场上去出售，以获取较高的利润。当然，出售方也不能无限期推迟，而是有一个最后期限，在达到了这个期限之后则无论金价是多高都必须执行合同。

通常这个滚动合同最长年限要看企业的资源、可开采年限和信誉等而定，常见的为 5～15 年；每一个执行阶段可以 3 个月或者半年为限。

在第一次签约时，递延远期合同除了有最长年限这个限制之外，和普通远期合同并没有什么区别，而在第一个到期日，如果市场金价高于合同价，企业不进行实际交割，则需要重新修订合同，并支付交易费。新的价格要比原先的执行价高。如果在下一次到期时，市场金价仍高于执行价，则合同可以继续向后滚动。当然，如果在这 5～15 年的最长期限内金价一直上涨，则期满后企业仍必须按照规定的执行价把黄金出售给买方。

不过金价不大可能在整个期限内一直上涨，所以一旦市场金价低于在此前规定好的执行价，企业就可按照该价格向买方出售黄金，以获得更高的利润。

这种合同的另外一种做法是并不规定交货日期，只是在每个阶段中根据市场情况规定执行价。如果在这个阶段期满时仍未能执行交割，则需再次规定新的执行价，直到合同被执行为止。

这种交易对矿山最为有利，使他们既能规避金价下跌的风险，又不失去在金价上涨时售金得到好处的机会，所以是矿山做对冲时最乐于采用的一种方式。

通常在市场金价低而期货溢价高的时候，企业往往采取较短的滚动期；而在市场金价高而期货溢价低的时候，滚动期限就可能被设定为较长的时间段。

存金和借贷：主要适用于黄金加工商和冶炼厂。

黄金加工商在生产和销售的过程中都需要拥有黄金，如果他们在市场上购买这些黄金，所需的流动资金是从银行贷款取得的，为此他们需要向银行支付利息。而由于贷金的利息通常低于贷款利息，这样做有利于降低借贷成本。而且黄金制品的价格和金价直接相关，加工商贷入黄金，在出售了黄金制品后再去购买黄金用于还贷，这样就可以有效地避免因为汇率或者金价变动而带来的任何风险。

冶炼厂如果有黄金不急于卖出，也可以存在银行里，获取利息。当然这种利率并不高。

远期利率协议和利率掉期协议：这两个利率产品用在黄金借贷的场合。一个远期利率协议通常适用于一段时间，如一年。而利率掉期协议则适用于较长的若干段时间，所以后者可以被看成是一系列的前者之和。

远期利率协议是用在借贷双方都认为当前的利率对自己有利，因而现在就对将来某个时候的利率进行约束。也就是说，签约的借贷双方中，贷方认为当前的贷金利率对自己有利，而希望在将来一段时间内发生借贷时的利率不会再低于目前的水平。而贷方则认为目前的利率已经足够低，希望在将来一段时间内发生借贷时的利率不要再高于目前的水平。

于是签约双方达成一个协议，以双方认为合理的利率作为固定利率，而以未来某个时间协议开始生效时的市场利率作为浮动利率，在协议有效期间内，当两个利率之间出现差额时，借贷虽然仍按市场利率进行，但是由受惠的一方向另一方给予一定的补偿。例如，事先规定好的固定利率是2.5%，如果在发生借贷时的浮动利率是3%，则由贷方给借方补偿；如果在发生借贷时的浮动利率是2%，则由借方给贷方以补偿。补偿的数额是发生借贷的数量乘以固定利率和浮动利率的差额0.5%再乘以贷款的天数除以360。

利率掉期协议适用的场合是贷方希望长期贷出黄金并且保持利率在较高水平，但是又不愿因此承担长期贷出的风险；借方则希望能在较长的时间内控制借入的成本不超过一定的限度。例如，央行往往希望贷金保持较长的时间，但又不希望受到约束，一旦需要用金的时候取不出来。矿山希望得到长期借贷，而通过短期安排可以不至于耗尽自己的信用额度。

借贷双方签署一个长期协议后，把协议全部有效时间分为若干段，然后按照远期利率协议的方法，在每段时间开始的时候重新安排借贷。

例如，借贷双方签署一个借贷5000盎司的3年期的利率掉期协议，把 3 年分成 12 个阶段，则每个阶段为 3 个月，并且规定协议期间内的固定利率为 2%。这样假如在某个阶段开始的时候，当时的市场利率是 2.3%，则贷方应向借方进行补偿的数额为 5000 盎司 × （2.3% −2%） ×1/4 =3.75 盎司。这个数量还要按照当时的贷金利率贴现后支付。

第 3 章

黄金衍生物市场

黄金的衍生物市场包括期货（future）、远期销售（forward）、期权（option）等。

衍生物（derivative）的原意是衍生、派生的意思，也就是从一种东西产生出另一种与之相近的东西。而黄金的衍生物市场则是从黄金的现货市场衍生出来的。

最普通的一种黄金衍生物是期货，在期货市场中买卖的是未来某个时刻交付的黄金。以前人们进行黄金交易都使用现货，也就是一手交钱，一手交货。但是后来人们发现，因为金价的波动很大，所以买卖黄金的人们随时处在风险之中。生产黄金的人怕黄金价格下跌，生产出来的黄金无法偿还成本；使用黄金加工首饰或做其他用途的人们则担心黄金价格上涨，使生产出来的产品成本增加，有可能卖不掉。为此就产生了期货交易，交易时买卖双方都交付一定数量的定金，在规定的未来某个时间地点按照预先规定好的价格和数量、规格交付黄金。

随着期货交易的发展，逐渐形成了两个方向。

一是标准期货市场，市场中交易双方签订的合同中统一规定好了交货的时间、地点、质量、数量、交货方式等。国际上标准的期货市场有如下几个特点：在交易所内进行，采用标准合同，实行保证金制度、除了最终实物交割之外，买卖交易双方并不直接交易而是和交易所进行结算。在期货市场中，参加交易者主要是为了进行黄金期货合同的买卖，从中获取差价，而并非要取得实物黄金。

二是通过场外交易，交易双方根据各自需求签订特殊的合同，通常称为远期销售。黄金矿山出售黄金大都采取这种方式。黄金的远期销售一般是在矿山和银行之间进行。交付的数量、价格、时间、地点、交货方式等都是由双方商定的，并且常常和期权联系在一起。

期权也叫选择权，是指在未来某个时间，购入期权的一方有权以预先规定的价格（但不是必须）向出售期权一方购入或者出售一定数量的黄金或黄金合约。为此购入期权的一方须向出售期权的一方交纳一定的权利金。

下面分别介绍期货、远期销售和期权。

一、黄金期货市场

标准期货和一般的远期销售不同。有一定的场所，通常是在商品交易所内进行交易；有一定的交割时间，例如，纽约和东京商品交易所的黄金期货大都是在双月，交割日通常在月底或下月初；有一定的数量和规格，例如，纽约商品交易所的黄金期货合同每笔为 100 盎司，成色为 99.9%，交易双方都要向交易所交一定的保证金，然后填写规定的期货合同，在交易所的监督下执行。

期货交易的双方在进行交易的时候并不需要实际持有金属，只要交一份保证金，就可以选择买入或是卖出金属。由于一般保证金的数量只是所交易黄金价值的 1/10 左右，这样就带来很强的杠杆作用。也就是说，只要有 2 万美元，就可以买卖 20 万美元的黄金期货合同，即所谓"以小搏大"，收益大，风险也大。这样也就吸引来大量的投机者，他们甘愿承担价格波动风险，而在市场中以谋取风险利润为目的进行炒买炒卖。

下面介绍几个和期货市场有关的名词：

金价持续上涨称做牛市（bull），连续下跌则称为熊市（bear）。

在期货市场上新签下买入或者卖出期货的合同称为开仓。

在市场中对金价上涨前景看好，现在买入期货准备在将来卖掉的人被称为多头（long）；而在市场中认为金价下跌的可能性大，现在卖出期货准备在将来买回的人被称为空头（short）。

手中持有期货合同称做持仓（hold position）。买入期货和卖出期货的合同数量分别称为多头部位（long position）和空头部位（short position）。也称为仓位或者头寸。

一个投资人在市场中往往同时持有多空双方的头寸，多空相抵之后称为净头寸（net position）。而未平仓的多空双方合同合计则称为未平仓合约或者叫持仓量（open interest)。在金价连续上涨时大投机商往往持有净多头部位（net long），在金价连续下跌时大投机商则往往持有净空头（net short）部位。

头寸也可以指整个市场中的流动黄金的总和，也叫做流通量（liquidity）。

投资人对手中持有的期货合同实行反向操作，将原来的合同冲销称为平仓（cover）或兑现（liquidate），例如，原来持有卖出期货合同的人现在买入相等（全部平仓）或较少数量（部分平仓）的同期买入期货合同。平仓可能是因为手中的合同已经获利而将其兑现，也可能是因为期货走势和原来的预期相反，平仓以避免更大的损失，称做止损（stop loss）。

如果投资人一直持有期货合同至到期，则需进行实物清算，称为交割（delivery）。

如果投资人既不愿将合同兑现又不愿到期交割，可以在到期之前将其转期（switch），实际上就是在将原来的合同平仓的同时购入新的远期期货。如纽约商品交易所的黄金期货各品种之间大都相隔两个月，一般在主要交易品种到期之前几天，绝大多数交易商都会将原先持有的部位转到下一个活跃品种，也就是推迟两个月的期货品种中去。如4月期金转为6月期金。

期货市场的参与者可以分为两类：投资或投机者（investor，speculator）与保值者（hedger）。前者的主要目的是到市场中获取利润，后者则主要是产金商和大的黄金加工商，他们的目的主要是寻求商品保值，避免金价波动带来的风险。

和股市一样，投机者是市场中的"润滑剂"，由于产金商在市场中主要进行的是套期保值买卖，大多是单向操作，所以如果没有投机者的炒作，期货市场就会是一潭死水甚至根本运转不起来。

现在国际上各黄金期货市场中的交易者大都是这样的投机者，他们在市场中买空（做多头）或卖空（做空头），交易中并不持有黄金，也不愿在合同到期时进行交割，而只是把它当做炒作的对象，买进卖出，从中赚取差价。例如，纽约商品交易所95%以上的期货合同都不进行实物交割。在某个月份的期货合同要到期时，大多数持有者就会将其平仓或者转入下一期继续持有。

投机者从其投资数量和交易性质来区分，大体可以分为两大类：

（1）投机公众或业余投机者，也就是通常我们所说的散户。这些人数量多，资金不雄厚，交易结果往往亏损，但每人亏损数量不大。

（2）专业投机者。这些人数量不多，主要是银行、机构、基金等，往往是交易所的会员。他们对期货交易熟悉，并对其价格走势有重要影响。所以美国的商品期货贸易委员会在公布纽约商品交易所黄金期货持仓量时，都把大投机商和散户的持仓状况分别公布。

一般在任何时候每个交易所的黄金期货都有一个最活跃的主要交易月份，在纽约商品交易所通常是离当前最近的一个活跃交易月份，其成交量占到总成交量绝大部分。而在东京商品交易所则刚好相反，交易最活跃的是离当前最远的两个交易月份，其成交量也要占到总成交量的一半以上；而在东京商品交易所刚刚好相反，交易最活跃的是离当前最远的一个交易月份，其成交量也要占到总成交量的一半以上。这是因为美国银行和日本银行的利率不同，美国的利率高，在美国人们可以把黄金卖掉，把所得的钱存入银行，过一定时间后再把钱取出买成黄金。所以美国的远期黄金价格通常高于现货价格，称为期货溢价（contango）。而在日本，过去因为银行利率很低，人们持有黄金不但得不到收益，还要为之付出保管费用。所以日本的远期黄金价格大都低于现货价格，称为现货溢价（backaradtion）。

标准黄金期货合同的主要内容

保证金（margin）。当交易人参与黄金期货交易时，需支付一定数量的保证金作为经纪人操作交易的保障，一般为交易额的10%左右。保证金的作用是使交易人账户上保持一定数量的资金，以保证合同最终得以执行。

合同单位。黄金期货交易由标准合同单位乘合同数量来完成。纽约商品交易所的每标准合同单位为100盎司。

交割月份。标准黄金期货合同在一定月份进行，例如，纽约商品交易所的交易月份为当前月、当前月后的两个月、两年内的2月、4月、8月、10月和5年内的6月和12月。

最低波动限和每日最高波幅。最低波动限是指每次价格变动的最小幅度，如纽约商品交易所每次价格最少以每盎司10美分的幅度变化；每日最高波幅，如同目前证券市场上的涨停和跌停，即在价格上涨或下跌一定幅度后，当天不得再继续上涨或下跌。如纽约商品交易所的最大涨跌幅为每盎司75美元，东京商品交易所的最大涨跌幅为每克60日元。

最后交易日。合约交割月份的最后一个工作日的前3天。

期货交付。卖出期货合同的交易商在最后交割日之前未做平仓的，必须承担在交易所指定地点交付合乎指定规格金锭的责任。如纽约商品交易所的交割金锭是含量不低于99.5%的一根 100 盎司(±5)金条或者 3 根一公斤认证金条。

交割日期。各交易所规定交割进行的时间。例如纽约商品交易所的交割期为合同交割月的所有工作日。

佣金。交易所在交易人进行交易买卖时要收取一定的手续费，经纪人也要向客户收取佣金。

委托指令。委托指令是顾客给经纪人买卖黄金的命令，目的是为防止顾客与经纪人之间产生误解。指令包括：行为（是买还是卖）、描述（即市场名称、交割日和价格与数量等）及限定（如限价买入、最优价买入）等。常用的委托指令品种有：

（1）市价指令。指按当时交易所的价格进行交易。

（2）限价指令。这是一种有条件指令，只有市场价格达到指令价格时才被执行。限价指令分为买价指令和卖价指令。买价指令只有在市场价格低于一定水平时才执行，而卖价指令只有在市场价格高于一定水平时才执行。如果市场价格没有到达限价水平，该指令就不能被执行。

（3）停价指令。该指令也是一种客户授权经纪人在特定价位买卖期货合同的指令。买的停价指令意味着客户想在市场价格一旦高于一定价格时，就立即以市场价格买入期货合同；一个卖的停价指令意味着客户想在市场价格一旦低于一定价格时，就立即以市场价格卖出期货合同。

（4）停止限价指令。指客户要求经纪人在交易所价格跌至预定限度内的限价卖出，或上涨到预定限度内以限价补进的指令。这一指令综合了停价指令和限价指令的特征，但相对于限价指令来说有一定的风险。

（5）限时指令。该指令也是一种有条件指令，表明经纪人在多长时间内可以执行该指令。一般情况下，除非另有说明，指令均为当日有效，如果一个指令在当日的交易盘中未被执行，那么该指令就失效或过期。

（6）套利指令。该指令用来同时建立多头仓位和空头仓位。如建立一定数量黄金的多头仓位和空头仓位，只是期货合同的到期日不同。

普通投资者如果想投资黄金期货，就要找一个经纪人如期货经纪公司，委托其进行期货交易，具体过程如下：

首先是开设账户。投资者一般要向黄金期货交易所的会员经纪商申请开立账户，签署《风险揭示声明书》、《交易账户协议书》等，授权经纪人代为买卖合同并缴付保证金。经纪人获授权后就可以根据合同条款按照客户指令进行期货买卖。

其次是投资者根据市场情况向经纪人发出交易指令。经纪人在收到客户发出的交易指令后，该指令就迅速传送到期货交易厅中。当该指令被执行后，即买卖成功，有关通知会返回经纪人，经纪人一般先口头通知投资者执行情况，价格、数量、期限以及仓位情况。然后于第二天书面通知投资者。

在期货合同到期前投资者认为必要时可以将其持有的期货仓位平仓，或者转到下个月继续持有，也可以在期货合同到期后进行实物交割。

止损和强制平仓：期货市场虽然和股市一样，都是多空双方的较量，但是由于期货市场实行的是保证金交易，在其杠杆作用下，多空双方的斗争更为激烈。

　　参加期货交易的投资者需要交纳一定数量的保证金，主要作用是在当交易方向和投资者持有头寸的相反方向发展时，避免经纪人因此受到损失。例如，投资者预计金价下跌，于是以 500 美元/盎司入市，卖出 100 万美元的黄金期货，须交 10 万元的保证金。结果金价下跌到 450 美元/盎司，如果这时投资者平仓，将盈利 10%。但是如果金价上涨到 550 美元/盎司，投资者亏损 10%。如果投资者这时平仓，保证金将全部损失掉。而如果金价上涨到 600 美元/盎司，投资者平仓时就会出现 10 万美元缺口，所以当金价高于 550 美元/盎司时，经纪人就会要求投资者追加保证金，追加的数量看金价高低而定。如果期货数量很大，金价上涨的幅度也很大，追加保证金的数量也会很大。如果投资者无法筹集到足够的资金，或者不愿继续追加保证金，经纪人就会将投资者持有的头寸全部强制平仓，以避免自己遭受连带损失。由于原来投资者是做空，签下期货合同时的方向是卖出，平仓时就需将其买入。这样原来的空头变成了多头，帮助金价进一步上涨。如果某一品种的期货数量比较小，一方的资金又充足，就可能不断拉高（或压低）价格，迫使对手强制平仓，使价格继续朝着对自己有利的方向发展。

　　为了避免这种情况发生，通常投资者就要用止损（stop lost）的方法来保护自己。止损就是在商品价格朝着和自己原来的预期相反的方向发展时，及时平仓出局，以避免造成更大的损失。进行期货交易的投资者都必须事先设定止损点，如当前价格朝着不利方向变化超过 5% 时就将部分或全部头寸平仓。由于现在许多交易商都采用计算机操作，设定的止损点大多在整数位，所以在价格达到某个临界点时往往会出现集中的抛盘，使价格大幅度波动。

期货交易主要的作用，一是回避风险，二是发现价格。

首先在期货市场上可以为生产者和使用者提供一个场所进行套期保值（hedge，即对冲），对冲者分别在期货市场和现货市场上买进和卖出数量相等、方向相反的两笔黄金，这样在一个市场上亏损的黄金就可以通过在另一个市场上的盈利将其抵消。

其次通过期货市场上黄金价格的变动，可以及早发现市场上金价变动的方向，从而为买卖提供依据。

期货市场的特点是只要你能够掌握价格走势的方向，做多做空都有可能获利。但是由于期货市场上的买卖双方是一一对应的，所以盈利者得到的就是亏空者失去的，市场上的多空之和为零（不计交易所收取的交易手续费）。这与股市不同，因为在股市上涨时，由于股票升值，可能大部分人都能从中获利；而在股市下跌时，则可能大多数人都亏损。

据统计，期货市场上90%以上的人都亏损，真正赚钱的人只是极少数，所以在进入期货市场之前一定要做好赔钱的准备。

二、远期销售

远期销售合同和黄金期货合同是有区别的。首先，黄金期货是标准合同的买卖，对买卖双方来讲必须遵守，而远期合同一般是买卖双方根据需要约定而签订的合同，各远期合同的内容在黄金成色等级、交割规则等方面都不相同；其次，期货合同转让比较方便，可根据市场价格随时进行买进卖出，而远期合同转让就比较困难，除非有第三方愿意接受该合同，否则无法转让；再次，期货合同大都在到期前平仓，有一定的投机和投资价值，价格也在波动，而远期合同一般到期后交割实物；最后，黄金期货买卖是在固定的交易所内进行，而远期交易一般在场外进行。

下面我们介绍国外常用的几种远期销售合同：

其价格通常采用我们前面介绍过的：

远期金价 = 现货金价 + 期货溢价

期货溢价 = 现货价格 × （银行利率 – 贷金利率）

（一）固定远期销售合同

这是最基本的一种远期销售合同，通常买方是商业银行，卖方是矿山。合同规定，允许卖方在约定的未来某日按照协议商定价格交售议定数量的黄金。其价格由现货市场的金价加上期货溢价得出，美元和黄金借贷利率都按照年利率固定复利计算得出，到期日也是固定的。

在过去许多年里，由于金价一直下跌，银行利率很高而黄金借贷利率很低，矿山乐于采用这种方法来回避金价下跌带来的风险。

而银行在签订合同后，便向国家中央银行借入同等数量的黄金并立即在市场上出售，将所得款项转作他用，在合同执行后将黄金还给央行，从中获取存款利率和贷金利率的差价。当然也可以把所借的黄金转到下一期继续使用。

（二）浮动贷金利率远期销售

在这种合同中的黄金价格、到期日和银行利率是预先固定好的，而贷金利率则在到期时根据合同期限内其表现而定。通常采用 3 个月或一年两次计算贷金利率。在到期日，根据银行利率和贷金利率计算期货溢价。

当银行利率或者贷金利率很高，再提高的可能性很小，甚至可能降息的情况下，矿山采用这种方式较为有利。既可以在金价下跌时得到保护，又可以在合同期内贷金利率下跌时得到好处。但是如果合同期内贷金利率上涨，则矿山要遭受损失。

（三）浮动利率远期销售

在这种合同中的黄金价格和到期日是预先固定好的，而银行利率和贷金利率则在到期时根据合同期限内其表现而定。通常采用 3 个月或一年两次计算利率。在到期日，根据银行利率和贷金利率计算期货溢价。

当银行利率有可能提高而贷金利率已经很高，再提高的可能性很小的情况下，矿山采用这种方式较为有利。既可以在金价下跌时得到保护，又可以在合同期内，银行利率提高或贷金利率下跌时得到好处。但是如果合同期内出现相反情况，则矿山要遭受损失。

（四）浮动利率延期销售

这种合同基本上和浮动利率远期销售合同相同，但是在到期前若干时间（通常为 45 天），如果矿山认为对自己不利，可以通知对方要求继续延期交付。但是延期交付要付出更多成本，而且要求交付的通知期也缩短。

（五）均价延期销售

金价按照合同规定期限内伦敦上下午定盘价的均价算出。到期日和银行利率是预先固定好的，而贷金利率是可变的。期货溢价根据两个利率算出。

当合同期内贷金利率可能发生变化，特别是不能保证按期交货时对矿山最为有利，它提供了较大的灵活性。不过如果矿山经营发生困难，银行会要求矿山交货。

远期销售是国外金矿销售黄金的主要方式，金矿和银行之间存在长期合作的关系。金矿需要资金时可以向银行贷款，而银行也会因此要求金矿将还未生产出来的黄金提前销售给它，以便从中获利。这是一种相互依存的关系，所以远期销售可以有多种形式，而且常常和下面提到的期权联系在一起。

三、黄金期权市场

期权，准确地说是选择权，是指在某个确定的日期或这个日期之前，持有人所享有的依照事先约定的价格买进或者卖出商品或期货的权利，而不是义务。对于期权的买方（期权的持有者）来说，购买期权并没有立即得到商品，而是购买到一种权利，这种权利，使他可以在合同到期日前的时期内，以有利的价格购买或者出售一定数量的商品或者期货，也可以在价格不利的情况下自动放弃这种权利。当然，享受这种权利的前提是期权购买者必须支付一定的期权费，或称权利金，这笔费用也就是期权买卖的价格。对于期权的卖方而言，必须承诺在期权有效期内期权持有者行使权利时出售或者买进约定的商品或者期货。期权买卖由于具有较大的灵活性，可以用于控制固定成本，规避风险。

对于投资者来说，期权交易具有投资少、收益大、降低风险、保有权利的作用。购买者只需支付一笔期权权利金，就可取得买入或卖出商品或期货合同的权利。一旦投资者预期与市场变化相一致时，即可获得可观收益；如果与预期相反，又可放弃行使权利，而损失的只是权利金。在交易中，投资者的风险是固定的，但可能的潜在盈利却不受限制。

对于期权的卖方而言，既可以进行保值、转嫁风险、规避损失，也可以获得一定收益。以生产厂商为例，企业卖出看涨期权，可以用收入的权利金降低库存成本。如果产品价格上涨，期权的购买方势必要行使权利按约定的价格从企业购买产品，此时企业有义务按约交货，由于这时产品价格上扬，企业按原先价格交货必然有一定损失，但这时其库存产品同样可以按较高价格出售，所以，从整体上看是有盈有亏。而一旦市场价格下降，该期权买方必然会放弃行使权利，此时企业可以用收入的权利金降低库存成本。

（一）几种国外常用的黄金期权

看跌期权（put option）。指期权买方在规定的期限内享

58

有按规定价格向期权卖方出售商品或期货的权利，但不负担必须卖出的义务。看跌期权又称空头期权、卖出期权。这是在金价下跌期间矿山最乐于采用的一种期权方式。因为如果金价上涨，他们遭受的损失仅仅是交付的权利金，而生产的黄金则可以从中得到很大的收益。一旦金价下跌，他们生产的黄金仍然可以得到预定的价格，因而比远期销售更易于被人接受。

看涨期权（call option）。指期权买入方在规定的期限内享有按规定价格向期权卖方购入某种商品或期货合同的权利，但不负担必须买进的义务。看涨期权又称多头期权、买入期权。过去矿山常用出售看涨期权所获得的定金来支付购买看跌期权所需的定金。以便从中获益或者保持收支平衡。

组合期权。最常用的是最小—最大期权（min-max option），即同时买入看跌期权和卖出看涨期权的组合期权。这种方式曾被矿业广泛采用，以在金价下跌时（通过看跌期权）获得保护的同时，用出售看涨期权来分摊成本。出售看涨期权所获得的定金部分或者全部用来买入看跌期权。看涨期权放着不管，以获得最多的定金。但是在金价上涨时也曾使矿山因而蒙受巨大的损失。

障碍期权。例如，上涨敲入期权和下跌敲出期权，其中的期权（看涨或看跌期权）在合同有效期内任何时候达到预定价位时生效。矿山常将其和传统的期权相组合，例如买入传统的看跌期权的同时卖出上涨敲入看涨期权，后者的价位高于前者。通过出售上涨敲入看涨期权以获得权利金，用于购买传统的看跌期权。其好处是，一方面通过看跌期权给矿山提供标准的价格保护，另一方面在金价未上涨到期权敲入点之前还能从金价上涨中得到好处。

期权交易分为交易所交易期权和柜台（场外）交易期权。

交易所交易期权也叫场内交易期权，采用交易所的标准化期权合约，和交易所清算。柜台期权交易的执行价、通知日、到期日、执行方式和权利金等通常都由期权的买卖双方直接商定。

（二）标准黄金期权合同的主要内容

交易标的。主要指交易黄金的成色与单位，如成色为995的黄金，每手100盎司。

当事人。包括期权的购买方与出售方，双方的权利义务关系一般不进入合同。

权利金。期权买方支付给期权卖方以换取期权的费用。权利金是期权合同中唯一变化的量，其大小受很多因素的制约。就黄金来看，其价格大小受该合同交易量、整个市场买卖成交量、黄金自身价格走势及合同有效期等多种因素影响。

约定价格。指买卖双方依据规定买卖商品的价格。约定价格通常由交易所规定。约定价格又称敲定价格、协定价格或履约价格。

通知日。指期权买方在决定履行期权合同时，应在到期日前预先通知期权卖方，以便卖方能有充分时间做好履约准备。

到期日。指期权合同双方当事人预先订立的期权买方可以行使期权的最终有效期。

停板额。指期权合同每日价格波动幅度与上一交易日价格的限度。

合同月份。买卖双方交付、接受实物以履行合同的月份。

交易时间。指每天买卖期权合同的规定时间。

黄金期权买卖交易程序大致有四个过程：

（1）准备阶段。当事人应该选择期权交易公司或期权经纪人公司及经纪人，收集资料，预测市场走势，并确定买卖期权及权利金。

（2）要约阶段。期权买方或当事人下达期权交易指令给经纪人公司和经纪人，由经纪人送达场内交易员进行交易，场内交易员按照期权买方或卖方的交易指令下单操作。

（3）定约阶段。一项期权合同上的合法有效，必须以交易所内核定与清算中心结算、登记为前提，且期权买方应在结算之后立即支付权利金，而期权卖方也要立即在其保证金账户内存入相应数量的履约保证金和清算中心提出的追加保证金。

（4）平仓阶段。包括对冲平仓与履约平仓两种形式。期权买卖双方可以在期权有效期内，通过卖出相关期权的空头和买进相关期权的多头实现对冲平仓。期权买方还可在规定的履约日或到期日之前办理好相关交割手续，到此，交易程序结束。

标准化期权起的作用和期货相类似，其交易地点也是投机者活跃的场所，而场外交易则主要是给黄金的生产者和使用者提供套期保值的手段。

（三）期权的种类

欧式期权。只能在到期日执行，这是黄金市场最常用的一种期权。

美式期权。可以在到期日之前（包括到期日）执行。

亚式期权。期权是否执行不仅依赖于期权在到期日的价格，而且依赖于整个期权期限内的平均金价。

传统期权（plain vanilla option）。是指标准的欧式或美式的看涨或看跌期权。

新型期权（exotic option）。是相对于传统期权来说的，是在对传统期权进行各种变异、组合后而成，如亚式期权、障碍期权等。和传统期权相比，它要复杂得多，获利时得到的利润高，因而要冒更多的风险。许多新型期权的执行条件有待触发，这样就很难预先准确计算出矿山到时应付债务的大小，虽然可以事先封顶，把损失限制在一定的范围内。

例如，有一种"递增看跌期权"，购买权和出售权之比是随着金价上涨而增加的。虽然在金价上涨时，任何出售了看跌期权的人都是亏本的。但是对于出售了"递增看跌期权"的人来说，金价涨得越多，出售者的损失就越大。也有时购买权的执行价是随着金价上涨而下跌的。

每个银行都有其专门特长的期权产品，而且因为这些产品是在场外交易的，合同是根据每个顾客的需求而专门拟定的，矿山只是根据过去金价变动的情况来估计未来金价的走势以及他们可能遇到的风险，因而在金价走势发生变化时遭受损失就是难免的了。

新型期权可以给矿上提供各式各样的选择，在选择适当时可以得到最大收益，但同时也带来极大的风险。过去在金价长期下跌过程中，有一部分矿山选择使用新型期权，也确实得到了较好的收益，但是随后在金价上涨时遇到了风险。

所以即使在市场上对冲数量极大的时候，采用新型期权的矿山也是少数，而在 1999 年因为金价上涨而给部分金矿造成巨大损失之后，更多的矿山大都重新回到采用传统期权的路上了。

四、对冲

传统的对冲又称作套期保值（traditional hedging），基本做法是利用在现货市场和期货市场同时进行两个数量相等而方向相反的买卖，即在买（卖）现货的同时，在期货市场上签下卖（买）相同数量期货的合同，以期如果市场发生不利于自己的变动时，可以在未来某一时间通过将期货平仓获利来抵偿因为现货市场价格变动所带来的风险。

在这种对冲交易中通常遵循的原则是：数量相等，时间相同或相近，方向相反。其基本原理是：期货和现货的运动方向通常是一致的，因此在一个市场中的亏损可以在另一个市场中得到弥补。

举例：黄金企业在金价处于上升时期以 500 美元/盎司卖出一笔黄金，同时以 510 美元价格买入数月后到期的同样数量黄金期货。数月后，金价果然上升到 520 美元/盎司，这时，以 510 美元价格兑现合同，得到该数量黄金后再按 520 美元价格出售，获利 520 – 510 = 10 美元/盎司，抵补了部分数月前以 500 美元/盎司出售黄金的损失。

当然，如果金价下跌了，该合同可能不能盈利，因此不再兑现，但证明前期出售黄金是正确的，避免了损失。

20 世纪 70 年代以后，随着金融期货的产生与飞速发展，产生了组合投资（portfolio）的对冲概念，在这种概念下，在投资组合中持有不同的资产，在一部分资产价值下跌的同时，另一部分资产则会升值，使其相互抵消，从而起到保值的目的。由于黄金经常和股票、债券等金融资产的波动方向相反，因而常用作保值。

在黄金市场上，通过对冲对现货市场和期货市场的黄金进行组合投资，在一定的风险条件下不仅降低了风险，而且能够最大程度地获取利润；或者在预期收益一定的前提下把风险降到最低，并不仅仅是锁定交易者在现货市场部位的收益。因此，对冲者在期货、现货两个市场上不一定非得持有相同的交易头寸，而是在对冲期间根据时间推移而不断进行调整。这种对冲本身不一定是投机，而是一种主动的、稳健的操作行为，可以为投资者和企业防范价格波动风险，所以为国际上许多企业和投资者所运用。利用对冲交易能有效地控制生产成本，也可保证预期利润，这对黄金供应和生产商和黄金制品商都非常重要。

在 20 世纪的最后 20 年里，金价不断下跌，许多金矿使用对冲的方法来保护他们自己，并从中获得了很大收益。虽然并非所有的采矿公司都做对冲，他们认为，采矿本身的风险已经够大了，消除价格风险只在可能的情况下才是有意义的。

美国上市的金银采矿公司分成两个阵营，有两个股票指数分别评定这两个阵营的公司，一个是包括做对冲的公司在内的各公司的金银采矿股票指数 XAU，另一个是不做对冲的金银采矿公司股票指数 HIU。

通常我们把黄金矿山为套期保值所做的远期销售和期货期权销售等合称为对冲（hedge），把其所拥有的全部对冲合同总称之为对冲仓（hedge book）。

不过在计算世界上对冲总量时不仅计算生产商拥有的对冲仓，也计算银行拥有的对冲仓。因为银行通常是生产商的对手，在矿山把期权出售给银行的时候，银行也有风险。为此他们也要根据期权的数量和到期时间的远近而用期货来保护自己，这种期货也是对冲。例如，矿山买入看跌期权，如果金价下跌较快，银行也会提前卖出期货，这样在执行期权时，银行就可以用买入的黄金拿到期货市场上去出售，从而回避了风险。

在过去几十年里，对冲的发展也走过了很长的路程。在大多数商品市场里，对冲意味着生产者把未来生产的产品价格"锁定"在目前的价位上（当然要根据利息成本进行调整）。但是因为贷金的利率特别低——远远低于银行利率，使黄金生产商在根据利息成本进行调整后，能够把未来的金价锁定为高于现货金价。

这样出售期货就变成了一种盈利的方法，而且因为在过去的 20 年里实际金价一直稳定下跌，使得它更具有吸引力，有的矿山甚至出售了多达 15 年的期货。在这些年里，矿山的盈利部分和下跌的实际金价脱离了关系，因为提前出售期货意味着他们实际的销售价格滞后于市场下跌。

首先，生产商做对冲是为了套期保值，因为金价一直下跌，生产商要保证生产不亏本，就把还未开采出来的黄金提前售出。这样他们就可以提前知道未来能够获利多少，使生产得以正常地进行下去。

其次，为了扩大生产，矿山要进行勘探、开发新的项目，这就需要资金，为此需要向银行融资。银行往往同时要求矿山把未来开采出来的黄金作抵押，也就是提前出售，这也相当于做对冲。

在长期的黄金下跌过程中，形成了一个由矿山、商业银行和中央银行三边构成的稳定关系：矿山和从事黄金业务的商业银行签署合同，将未生产出来的黄金提前出售给商业银行，借以从银行获得贷款；商业银行根据将来能得到黄金的数量和期限向中央银行借同样数量和期限的黄金，然后在市场上出售，以获得货币转而投入其他投资领域；在贷金到期后再用货币向生产商或者在市场上购买同样数量的黄金还给中央银行。归还所借的黄金之后，商业银行的获利是两种利率的差。

如果在此期间金价下跌了，矿山所得的好处就更大了。如果金价涨到高于提前销售合同的价格，矿山就要丧失机会成本，即只能以低于市场的价格出售黄金。但是这仍旧是在原先确定为合理的范围内。

在这表面上看来是很安全的对抗市场的方法，实际就是所谓贷金利率风险。贷金利率就是借入黄金的成本，如果贷金利率上涨，一些合同就不能带来预期的利润。

便宜的黄金是这种方法的基础，但是只有在央行愿意以1%～2%的利率出借黄金的前提下才能得到。而且他们只肯短期出借，而商业银行则需要长期借用。所以就得要冒贷金利率在合同期内上涨的风险。

许多矿山愿采用买入看跌期权而非期货销售的方法，

因为这可以更有效地防止在金价跌落到某个水平时遭受风险。

而看跌期权要花钱去买，所以通常矿山就以较高的价格出售看涨期权来资助它。这两种交易的数量不一定非相等不可。

这种交易简单明了。其风险在于，如果金价上涨，持有看涨期权的人获利，而持有看跌期权的人亏本，结果是矿山欠下了一笔债务。

当合同双方在某个价位上执行合同时矿山就亏损了，这个点称之为市场临界点。有时甚至整个对冲仓成为亏损的。

大多数矿山对市场临界点采取一种无所谓的态度。他们觉得虽然遭受了账面损失，但是金价上涨会使他们未做对冲的黄金储量的价格也上涨，和投机商不同，他们到头来会有黄金用于合同交割，因此银行不要求他们交保证金，也从来不要求他们公开他们的账面损失。

但是在有的情况下，和矿山签约的银行在合同价值成为负值的时候，有权要求他们兑现。所以矿山不交保证金有个界限：如果负值过大，贷金者有权收回贷金。

矿山的对冲仓的组合方式对因为金价变化引起的总值的变化有极大的影响。例如，有的公司卖出的看跌期权是看涨期权的两倍，这使他们的预付成本减少，但是增加了风险，当金价上涨时，他们的对冲仓很快就变成了负值。

由于金价一直在下跌，所以商业银行往往能用比当初出售时更低的价格回购黄金，同时还可以用到手的钱投资其他行业或贷款给他人，获取更多的利润，所以银行很愿意矿山做这种对冲。而且因为银行获利较多，所以在给矿山黄金期货的价格上有很大的优惠，往往高出市场上的黄金现货价格很多。而对于国家中央银行来说，因为这些黄金放在国库里要花一大笔保管费，借出去既可以节省这笔开支，又能从借贷中获得一笔收益，而且这些从事黄金业务的银行都是大银行，信誉卓著，资产丰厚，不用担心到时银行不还。这样矿山、商业银行和国家中央银行都从中受益。

在实际操作中与上面所述稍有不同：首先，矿山在将黄金远期销售给商业银行时经常采用购入看跌期权的方式，如果金价下跌时可以加大获利，但在金价上涨时则会造成亏损，特别是在签约时附有保证金条件时是如此（由于在矿山提前把黄金出售给商业银行时，银行可以从中获利，所以往往不要求矿山交保证金）。1999年由于金价突然大幅上涨，加纳的阿山提公司因为追加保证金的问题搞得差点破产，市场上风传阿山提公司要大幅购入黄金以冲销合约，造成国际金价接近340美元/盎司。而在阿山提公司和银行达成协议推迟交付保证金之后，金价立刻就大幅下跌了。其次，商业银行在出售了看跌期权之后，又会用期货或者看涨期权做对冲来进行自我保护。对冲的数量根据金价的高低而随时调整，借以使持有的多头和空头总部位基本抵消。最后，商业银行向央行借入黄金时往往采用滚动方法，即在一个合同到期时又转入下一期合同，这样就不受矿山售金期限的限制。

矿山大量做对冲唯一的副作用是这样一来在市场上的黄金供应就增加了，因为不但有已经开采出来的黄金，而且有尚未开采出来的黄金在市场上出售，使金价步步下跌。而金价越下跌，矿山的对冲越多，甚至把今后几年以至十几年后才能开采出来的黄金都拿来做对冲，形成了一个恶性循环。

这种状况早就有人看到，并认为应当改变，但是迟迟得不到解决。即使在 1999 年金价下跌到 252 美元/盎司后，由于欧洲央行签署了限制售金协议而回升，仍旧未能彻底改变这种状况。到 2001 年金价再次下跌到 250 美元/盎司附近。

但是在 2001 年下半年金价回升了，市场上长期做空的职业投机者停止做空，矿山的对冲也停止增加。这是为什么呢？一个是因为金价连续下跌的结果使市场金价已经接近了黄金的生产成本，达到跌无可跌的地步。在这种情况下，黄金矿山只能勉强维持再生产，根本无力再去进行勘探、开发以至扩大再生产。一些黄金生产大国如南非的产量逐年下降。而他们要设法走出这个困境，减少对冲势在必行。另一个更重要的原因则是在 2001 年里美国 11 次减息，把年利率从 5.75% 降到了 1.75%。在这种情况下，银行再买入远期黄金就没有多少意义了，因为如果把黄金拿到市场上去出售，所得货币并不能产生多大收益，银行的积极性就不高，因而给矿山远期销售的价格就要压低，矿山得到的好处就减少了，于是矿山开始减少对冲的数量。而矿山减少对冲也就减少了市场上黄金的供应量，刺激了金价上涨，这样不做对冲的公司立刻从中得到好处。所以从 2001 年起，市场上看到黄金矿山新对冲的数量显著减少，已有对冲的数量也在下降，因为在原有的对冲到期后他们不再用新的对冲去代替，而是用新开采出来的黄金做交割。更有甚者，他们在市场上购回黄金，用以抵消以前所做的对冲。这是金价在 2001 年触底回升的主要原因。

从那时以来，减持对冲已经成为大多数矿山的基本政策，由于以前做对冲时，黄金已经提前在市场上销售，所以在减持的时候，市场上就减少了黄金的供应量。这样就改变了供求关系，矿山成为支持金价上涨的重要力量。仅仅在2002年，生产商减持对冲达到432吨，相当于当年黄金投资数量的92%。减持对冲的动力一方面来自于矿山，他们希望从不断上涨的金价中直接得到好处；另一方面他们受到来自股东的压力，我们看到不做对冲黄金公司股票指数 HIU 上涨明显快于包括做对冲公司在内的黄金公司股票指数 XAU。

随着金价上涨，美国利率走高，生产商减持对冲的数量已经有所减少，不过在可预见的将来，对冲还不会大量增加。

第4章

国内黄金市场

一、国内黄金市场发展概况

虽然我国把黄金作为货币的历史很悠久，但是在长期的封建社会中，其使用范围很小，对整个社会经济的作用也不明显。

国内黄金市场的出现可以追溯到 20 世纪的二三十年代。

1917 年上海建立了金业公会，1921 年成立了上海金业交易所，之后在当时经济发达的北平、天津、武汉都建立了黄金交易机构，在一些证券交易市场内也设立了黄金交易部门。

由于当时社会动乱，外忧内患频生，民众纷纷买入黄金作为保值之用。而拥有实力的投资者则入市"炒金"牟利。在上海黄金市场交易最活跃的 1926～1931 年间，年交易量最高时曾达到过近 2 万吨，成为当时世界上的第三大黄金市场。

在抗日战争爆发后，政府实行了黄金管制，黄金交易所停业，黄金市场也走向沉寂。

抗日战争胜利后，国内出现了一个相对稳定的时期，国民党政府决定实现黄金自由兑换，并放开了黄金价格。但是好景不长，随着国民党发动内战，物价飞涨，人们纷纷抢购黄金，到 1947 年 2 月就被迫停止了黄金自由兑换。

以蒋介石为首的国民党政府在逃离大陆时几乎将所有的黄金席卷一空，1948 年 12 月从当时的中央银行劫运黄金200 万两，1949 年 2 月又劫运 57 万两。

而早在新中国诞生之前，为了树立新政权发行的货币的权威，使其成为社会上主要的支付流通手段，中国共产党领导下的人民政府在解放区就已颁布了《金银管理办法》，以切断黄金与货币的联系。其主要内容是：严禁一切金银带出解放区；在解放区内允许人民储存金银和以金银向人民银行按牌价兑换人民币；金银不得用于流通和私下买卖；金银饰品业除出售制成品外，不得私下买卖金银，不得收兑金银制品；各企事业单位需要使用金银时，向政府申请配售。

新中国成立之后，人民政府继续对金银施行了严格的控制政策，并将黄金统收专营政策推广到全国，出台了《金银管理暂行办法》。1952 年国家统一了金银收售价格，这标志着中国统一的金银计划性市场已经形成，即国家按价收购和配售金银。任何单位生产的金银，一律按国家价格予以收购；国家允许个人储藏金银，任何单位和个人向银行交售金银时，银行都按价收购；工商行政管理、公安、海关等部门罚没的金银，中国人民银行也按规定的价格支付价款；任何单位和个人需用金银时，按国家牌价予以配售；任何单位和个人不得自由进出口黄金；黄金矿业为国家所垄断，禁止外资及私人资本进入。由此可见，中国金银供求关系是中国人民银行管理下的有计划的买卖关系，买卖场所是中国人民银行。

改革开放以后，中国的黄金市场进入了新时期。随着国家外汇环境逐渐宽松，百姓手中也有了余钱，长期禁锢的黄金市场重新开始对百姓开放。1979 年我国恢复了金币的生产和发行，1982 年恢复了黄金首饰的供应。但在加快金银生产的同时，对金银产品的管理进行了一定程度的强化。1983 年颁发的《金银管理条例》对金银的管理比以前控制得更加严格。

但是随着改革开放的进程，《金银管理条例》受到了很大的冲击，典型地表现在黄金的价格机制上。国内的固定价格制使国内金价长期低于国际金价，对于国内市场来说就是官价长期低于市场价，这样就出现了国家计划调控下的隐性黄金市场。从 1982 年 9 月国家恢复内销金饰品业务开始至 1992 年，隐性黄金市场主要是境内民采黄金私下买卖和境外走私黄金。据黄金管理部门估计，每年全国个体采金产量约为 40 万两，但国家收购上来的却很少，大部分被私下买卖。同时，每年大陆人从深圳沙头角购入境内的黄金饰品量也十分可观。

到了 1993 年，在地方政府的支持和纵容下，终于掀起了一股黄金私卖潮，这极大地撼动了黄金统收专营的管理体制。原已存在的地下黄金交易半公开化地成为民营黄金市场，这是新中国以来首次对金银统收专营管理体制的公开挑战。据估计约有 30% 的黄金流入自由交易的民营市场。其中，最为突出的代表是辽宁海城感王黄金市场。在感王黄金市场的推动下，全国出现了一股兴办民营黄金市场的风潮。

其矛盾集中体现在：

黄金已经从主要服务于外汇需要转为用于黄金首饰生产和销售，黄金饰品销售的市场化和黄金原材料的计划供应之间，国内矿产金的收购价和国际金价之间的差距以及国内首饰金价大大高于国际金价造成黄金私下交易和走私的盛行。民营黄金市场的出现对国家对黄金统收专营的体制形成了极大的冲击。

面对这种状况，政府一方面支持中国人民银行整顿和限制黄金产品市场，维护统收专营管理体制；另一方面则明确肯定了今后黄金市场化改革的取向，并采取了若干推动措施。①实现国内金价与国际金价接轨，变固定价格制为浮动价格制。②要求中国人民银行对《金银管理条例》提出修改意见。③要求中国人民银行着手中国黄金市场开放的方案设想，开始中国黄金市场建立的前期准备工作。

而从外部条件来说，实行改革、逐步放开黄金管制的条件也已日益成熟。特别是国家的外汇储备数量迅速增加，对黄金的依赖程度大大降低，黄金占总外汇储备中的份额由1978年的60.7%下降到了1997年的11.4%。

而直接推动黄金体制改革的主要因素则是国际金价下跌。自1997年开始，国际金价在3年内由每盎司380多美元下跌到250多美元，跌幅达到30%以上，国内金价也不得不大幅下调。金价下跌带来的后果，一是国内黄金矿山经营风险加大，二是负责黄金专营的人民银行因为无法从差价中获利，经营困难，而国际国内金价存在的差距则使走私数量加大。尤其是中国人民银行每周一次到后来的每天一次公布金价，都无法解决国内外金价差距过大这个问题。解决这个问题的唯一办法就是把金价变动的主动权交给市场。

为此国家在一些地区实行了放开回收金管理，个体或小企业产品由定点企业代为收购并加工精炼后再交给人民银行，在深圳试行国外黄金寄售试点等方法，但是改革的步伐还是比较慢的。

黄金市场改革步伐不快的根本原因在于黄金实际上是和外汇相联系的，所以在人民币没有实现完全自由兑换之前，黄金市场也不可能真正实现完全开放，由此决定了黄金市场的开放是一个过程，从开始启动到完全放开需要有很长的时间。

2001 年，中国人民银行直接介入了上海黄金市场的筹备工作，确定成立上海黄金交易所，并由中国人民银行直接领导。2002 年 10 月 30 日上海黄金交易所投入正式运行，使中国的黄金市场建设进入了崭新的一页。

上海黄金交易所投入运行后，中国人民银行逐渐取消了黄金收购配售业务，这标志着国家结束了对黄金的统收专营制度，建立起了黄金商品交易平台，并为建立黄金金融性交易平台创造了条件。

目前上海黄金交易所主要是满足矿山和首饰加工企业的需求，这是因为在中国，首饰消费仍旧是黄金需求中最主要的因素，占到总消费量的 90% 以上。同时也有越来越多的单位增加投资型交易，特别是商业银行成为交易所最活跃的会员之一。这点我们可以从 T + D 交易的成交量日益增加上明显看出来。交易所的金价逐步向国际市场金价靠拢，特别是在推出了夜间交易之后，与国际金价之间的差距日渐缩小。

除此之外，各大银行已经或即将开办各种类型的黄金投资业务，如买卖金条，代理上海黄金交易所黄金业务，工行、中行和建行的账面纸黄金交易，农行的黄金借贷，黄金质押贷款，黄金项目融资等，目前已经有越来越多的投资者参与到黄金投资中，后面我们将做更具体详细的介绍。

随着国内经济的不断发展，人民生活水平日益提高，黄金消费市场也在不断扩大。首饰消费市场在原有的纯金市场得以保持的同时，在大城市中 K 金市场也得到迅速的发展。2005 年，尽管金价上涨，黄金首饰销量仍持续增长。同时，用于投资的金币和金条销量也有大幅增加。而投资用的纸黄金也日益被更多的群众了解和接受。

预期不久之后，还会有更多的黄金投资品种向普通投资者开放，允许机构和个人持有和买卖黄金产品作为储蓄和投资工具，同时还会开展部分黄金融资业务，以满足投资者和生产者、消费者的不同需求。

中国的黄金市场有着巨大的潜力。1997 年，中国的黄金首饰消费达到过 300 多吨，2005 年，黄金首饰制造用金 239 吨（包括小部分出口）。而目前黄金投资的需求则还很小，仅仅是开始。这是由于人民币尚未实现完全自由兑换，国内黄金市场还不可能和国际市场完全接轨，所以国内黄金市场的开放也还要有一个过程。发展中国的黄金市场还有很多的事情要做：

（1）政策和法规还有待完善。目前开放中国黄金市场的方向虽然已定，但如何实现还有待具体化。在黄金的生产、销售、运输、管理、税收、进出口、结汇等各个环节上都还需要出台具体政策。

（2）逐渐完善黄金投资市场，建立起便利、多样、畅通、有效的投资渠道，为个人和机构投资者提供投资途径。

（3）商业银行要在黄金投资中发挥更大的作用。各商业银行可以而且应该在黄金的代理经营、质押贷款、交易结算、收售、租赁、保管等多方面开展业务。

（4）最要紧的是要改变观念，应当加强宣传，使更多的人懂得为什么和怎样进行黄金投资，使其真正成为个人和机构的一个重要投资途径。

可以预见，在中国的大地上必将迎来一个黄金投资的热潮，这不仅对中国而且对世界的黄金市场都将产生深远的影响。由于中国人口众多，自古就有储藏黄金的传统，而在改革开放以后许多人已经和正在富裕起来，中国的黄金市场必将在世界上占有举足轻重的地位。目前印度是世界上第一大黄金消费国，最高年份达到过 800 吨。中国的黄金市场应能超过这个数字，因此需要极大的发展，需要有更多的有志于黄金事业的人投身于此，使中国的黄金市场真正繁荣昌盛。

二、上海黄金交易所

上海黄金交易所是经国务院批准，由中国人民银行总行组建，在国家工商行政管理局登记注册的，不以营利为目的，实行自律性管理的法人。遵循公开、公平、公正和诚实信用的原则组织黄金、白银、铂等贵金属交易。

交易所位于上海外滩中山东一路15号。2001年11月28日开始模拟试运行，2002年10月30日正式运营，目前是我国唯一从事黄金交易的交易所。

上海黄金交易所的职能是：提供黄金交易的场所、设施及相关服务；制定并实施黄金交易所的业务规则，规范交易行为；组织、监督黄金、白银、铂等贵金属的交易、清算、交割和配送；设计交易合同，保证交易合同的履行；制定并实施风险管理制度，控制市场风险；生成合理价格，发布市场信息；监管会员交易业务，查处会员违反交易所有关规定的行为；监管指定交割仓库的黄金、白银、铂等贵金属业务；中国人民银行规定的其他职能。

交易所的会员必须是依照中华人民共和国有关法律，在中华人民共和国境内注册登记，并经中国人民银行核准从事黄金业务的金融机构，从事黄金、白银、铂等贵金属及其制品的生产、冶炼、加工、批发、进出口贸易的企业法人。

上海黄金交易所在交易中坚持公开、公平、公正的宗旨，标准黄金交易通过交易所的集中竞价方式进行，实行价格优先、时间优先撮合成交。在中国银行、中国农业银行、中国工商银行和中国建设银行集中清算，在全国35个城市的47家指定仓库，对金锭和金条由交易所统一调运配送。非标准品种通过询价等方式进行，实行自主报价，协商成交，会员可自行选择通过现场或远程方式进行交易。

目前上海黄金交易所有会员149家，交易所会员依其业务范围分为金融类会员、综合类会员和自营会员，其中金融类20家、综合类119家、自营类10家。金融类会员可进行自营和代理业务及批准的其他业务，综合类会员可进行自营和代理业务，自营会员可进行自营业务。会员单位年产金量约占全国的 75%，用金量占全国的 80%，冶炼能力占全国的 90%。

交易所主要实行标准化撮合交易方式，交易的商品有黄金、白银和铂，黄金有 Au99.95、Au99.99 和 Au50 克三个现货实盘交易品种和 Au（T+5）与延期交收两个现货保证金交易品种。黄金交易品种的标准重量为 50 克、100 克、1 千克、3 千克、12.5 千克的金条、金锭和法定金币。黄金交易的报价单位为人民币元/克（保留两位小数），交易的最小单位为千克，最小提货量为 6 千克。

2005 年，黄金交易量达到 906 吨，成交金额 1069.8 亿元。2006 年上半年黄金交易量达到 572.6 吨，平均金价为 152.67 元/克，与国际金价的平均价差为 0.32 元/克。

上海黄金交易所对现货交易实行 T+0 的清算速度办理资金清算，会员到指定仓库提取黄金时间为填写黄金提货申请单后 3 个工作日内。远期黄金交易在买卖双方成交后 T+X 日（X 为远期黄金交易的合约期限值）办理清算与交割的交易。

目前的交易时间为每周一至周五（国家法定节假日除外）的上午 10:00~11:30，下午 13:30~15:30。

交易所交易的黄金为经交易所认证的、可提供标准金锭企业生产的、符合交易所金锭质量标准的黄金。

交易价格为上海交割地基准价。交易所按成交金额征收 6‰ 的手续费。仓储费、运保费由交易所代收代付。

会员可在现场或通过通信网络的远程终端进行交易。

现货黄金交易前，买方会员必须在交易所指定的账户全额存入相应金额的人民币资金，卖方会员必须将需售出的黄金全部存放在交易所指定的黄金交割仓库。

远期黄金交易前，买方会员必须在交易所指定的账户按一定比例存入相应金额的人民币资金。卖方会员必须将需售出的黄金按一定比例存放在交易所指定的黄金交割仓库，或在交易所指定的账户按一定比例存入相应金额的人民币资金。

会员可在交易时间报出买价、卖价或双向价。交易所计算机自动撮合系统将买卖申报指令以价格优先、时间优先的原则进行排序，自动撮合成交。

交易完成后当日资金即从买方保证金账户转入卖方保证金账户，第二天转入其专用账户。

买卖双方成交当日收市后，交易所为买卖双方进行货权转移，买方可自由选择提取黄金或次日后进行卖出交易。

现货黄金交易中，会员卖出黄金所得金额的90%可用于本交易日内的交易。买入的黄金则需在第二天方可用于交易。

非会员要参加黄金交易时，必须通过会员代理，只有金融类和综合类会员可以接受客户委托，代理客户进行交易的活动，而个人黄金买卖业务则需通过金融类会员进行。会员向代理客户收取保证金和不超过1.5‰的手续费。

第5章

黄金价格

一、黄金价格概述

我们通常说的黄金价格是指黄金在市场上的价格。此外还有黄金储备记账价格、国家间结算价格等等，这里就不一一介绍了。

在黄金市场中，根据不同的需要，在不同的场合下使用不同的黄金价格。例如，有不同货币的金价如美元价、日元价、欧元价；有不同交货时间的金价如现货价、期货价；有不同成色的金价如纯金价、标准金价、非标准金价等，有不同市场的金价如伦敦金价、纽约金价，等等。准确的黄金价格往往是和成色、规格、交货时间、交货地点、货币种类等联系在一起的。

由于国际上最大量的黄金是以美元成交的，所以我们通常提到金价时，如果不特殊指明，都是指的美元金价。美元金价的单位以"美元/盎司"表示。请注意：这里的盎司是

81

金衡盎司（Troy ounce，1 盎司 = 31.1035 克，用于贵金属、宝石等的衡量），而不是常衡盎司（Avoirdupois ounce，1 盎司 = 28.35 克，用于普通物品的衡量）。

我们通常所说的国际金价，主要是指国际现货金价（spot price），也就是以伦敦黄金市场（London Bullion Market）为基础，按照伦敦合格交割标准（London Good Delivery）交易、在伦敦金银结算（London Bullion Clearing）进行结算的交易金价。包括伦敦定盘价（London Fixing）、纽约现货金价（New York Spot Price）、环球金价（World Spot Price）等。

国际金价是大批发商在转账时采用的纯金价格。纯金价格是根据金锭中所含纯金的多少计算出来的，而与金锭的规格、纯度无关。例如，当国际金价为 550 美元/盎司时，如果一块 400 盎司金锭的含金量是 995，它的价值就是 550 × 400 × 995‰ = 218900 美元。使用这个价格时通常交易的批量都比较大，例如伦敦黄金市场的做市商之间的标准成交量为 5000 ~ 10000 盎司纯金。如果成交的数量小，又牵涉交货的成色、规格、时间、地点不同，则会在国际金价的基础上提供不同的报价。

伦敦定盘会是伦敦黄金市场中的 5 个做市商，也就是最主要的几个从事黄金贸易的银行在一起决定交易价格的会议，每天上下午各举行一次（参看第 3 章），由于其成交量大，对世界黄金价格的形成有着巨大的影响。通常在分析国际黄金价格的变化时都以伦敦下午定盘价为基础。伦敦定盘价同时用美元、英镑和欧元报出。

环球金价是世界上各大黄金市场联合交易的金价。具体

82

到某个市场的金价，例如，伦敦金价、纽约金价等，都是该金价的一个组成部分，只是开市交易的时间不同罢了。

要了解国际金价的行情，最好是通过路透社的电子信息终端，它反映的是实时交易情况，客户可以在此基础上直接参与国际市场的交易。而对于大多数普通投资者来说，可以通过全世界各个黄金网站了解环球金价。例如，在"中国黄金网"的首页上我们可以看到下面的实时金价走势，如图5-1所示。

用鼠标点击该图，就可以得到下面的3天之内国际黄金交易的连续走势图。

实时金价反映的是当时国际市场上黄金的价格，因为现在有了电子交易系统，使得全球基本上形成了一个不间断交易的市场，无论在什么地方都同样可以参与国际现货黄金的交易。

图5-1 实时金价走势图

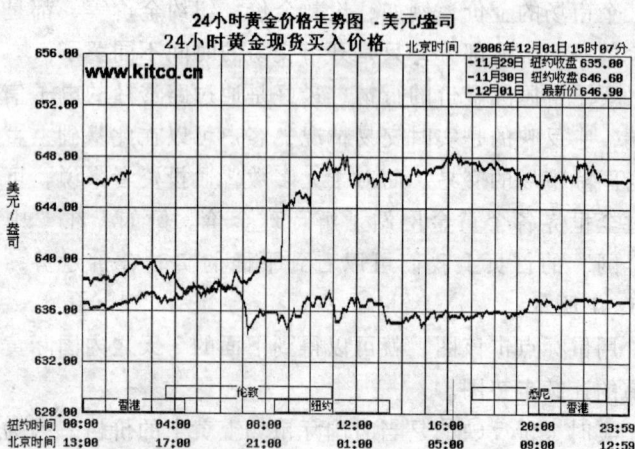

图 5 – 2　3 天金价走势图

图中用不同的颜色（电脑上显示）分别表示出前天、昨天和今天的金价（图 5 – 2 是 2006 年 11 月 29、30 日、12 月 1 日 3 天的金价）。

从图 5 – 2 中我们可以看到，由悉尼、香港、伦敦和纽约 4 个市场组成了几乎是 24 小时不停顿的大市场。其交易时间（格林尼治时间）如下：

悉尼（Sydney）：22：00 ~ 3：00

香港（Hong Kong）：23：30 ~ 8：30

伦敦（London）：7：45 ~ 15：00

纽约（New York）：12：20 ~ 17：30

纽约电子交易（NY Access Market）：18：00 ~ 第二天 12：00

84

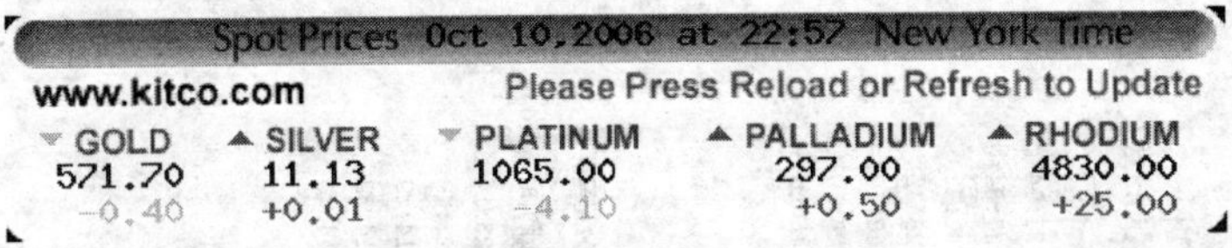

图 5 - 3　实时金价表

图 5 - 3 分别是不同的贵金属金（GOLD）、银（SIL-VER）、铂（PLATINUM）、钯（PALLADIUM）、铑（RHO-DIUM）的价格，数据第一行是当前的成交价（通常比实际的市场成交价格稍滞后），第二行是当前价和前一天价格相比的增减幅度（英文表格比中文表格的数据往往来得快）。在有的网站上的价格表中我们看到的不是成交价，而是买价（bid）和卖价（ask）。

在中国黄金网的"实时行情"栏目中，我们可以看到上海黄金交易所和国际贵金属的现货行情，如图 5 - 4、图5 - 5 所示。

国内金价一般用每克人民币元表示。

虽然国际金价和国内金价的计算方法不同，但是国际金价使用的纯金价格和国内的 ＞99.99％ 金价格应当相差不多。只是因为国内黄金供不应求，需要从国际市场进口，因此金价上要加上进口的运费、手续费等。一般来说，国内金价比国际金价略高是合理的。2005 年上海黄金交易所金价平均比伦敦定盘价高出 0.35％，处于正常范围之内。具体表现上，国内金价波动往往滞后，在国际金价较低时，国内金价往往要比国际金价高；而在国际金价较高时，国内金价往往比国际金价低。

上海黄金交易所行情

人民币/克

品种	最新价	买入价	卖出价	最高价	最低价	涨跌	昨收价	总成交量	更新时间
Au9995	145.85	145.85	145.88	146.35	145.00	↓-1.57	147.42	454.00	11:28:04
Au9999	146.35	146.20	146.35	146.50	145.50	↓-1.68	148.03	182.00	11:27:34
Au50g	157.00	157.00	0.00	157.00	157.00	↑2.00	155.00	1.00	13:41:42
AuT+D	145.75	145.75	145.80	146.50	145.00	↓-1.74	147.49	1938.00	11:28:19
AuT+5	150.60	148.00	155.50	150.60	150.60	↓-6.40	157.00	4.00	14:28:10
Pt9995	279.93	279.80	280.42	279.93	279.93	↓-3.27	283.20	70.00	11:25:59

以上行情延时15分钟

图 5－4　上交所交易行情表

国际贵金属现货行情

美元/盎司　港币/司马两

品种	最新价	买入价	卖出价	最高价	最低价	涨跌	昨收价	总成交量	更新时间
现货黄金	572.55	572.20	572.90	575.20	571.50	↓-0.65	573.20	256.00	11:23:14
香港黄金	5301.00	5301.00	5305.00	5378.00	5297.00	↓-12.00	5313.00	1633.00	11:23:48
现货白银	11.17	11.12	11.22	11.21	11.11	↑0.06	11.11	65.00	11:14:39
现货铂金	1067.50	1064.50	1070.50	1067.50	1060.00	↑0.50	1067.00	29.00	11:14:39
现货钯金	298.50	295.50	301.50	296.00	296.00	↑3.50	295.00	5.00	11:14:40

图 5－5　国际贵金属现货行情表

　　黄金期货价格也是人们所关心的。国际上最主要的期货市场是美国纽约商品交易所，通常以其主要交易月份的期货价格为主。其他的黄金期货价格有东京商品交易所、芝加哥商品交易所的价格等。东京商品交易所的黄金期货价格用日元/克报出。在中国黄金网上的"实时行情"栏目中我们可以看到纽约和东京期货价格，如图 5-6 所示。

　　由于国内的黄金首饰厂家在深圳最多，而它们中许多都从香港进口黄金，所以香港金价也很受人关注。香港金银贸易场的金价主要用港元/司马两表示（1 司马两 = 37.429克），在图 5-5 中也可以看到。另外还有一种金价是为了适合国内交易者使用的，用港元/公斤表示。

　　由于黄金价格直接关系到黄金矿山、黄金加工企业、黄金首饰行业的成本和利润，对于进行黄金炒作更是至关重要，所以许多人随时都在关注着金价的走势。

　　现在要了解金价有多种途径，虽然报纸、广播、电视中都能了解到金价，但是只有上网才是最迅速有效的手段。主要网站上报的国际金价和实际交易的时间误差大都在半小时以内，路透社的终端更可以使你和国际市场直接接轨。上海黄金交易所为国内的会员提供了终端服务，不但可以看到金价，而且可以直接进行交易。《中国黄金报》等机构提供的手机短信服务，也为不能上网但需要及时了解金价的人提供了方便。

　　为了研究金价的走势，除了当前金价之外，我们往往还需要金价的历史资料，这可以在《中国黄金报》、《黄金年鉴》、中国黄金网等上面查到。

　　在研究黄金价格的走势时，由于货币本身的价值也在不

纽约贵金属期货行情 美元/盎司 银：美元/100盎司

品　种	最新价	开盘价	最高价	最低价	收盘价	涨跌	昨收价	总成交量	更新时间
纽约黄金连续	576.30	577.00	579.80	575.80	578.00	↓ -1.70	578.00	107.00	11:13:04
纽约白银连续	1122.00	1123.00	1129.00	1122.00	1125.00	↓ -3.00	1125.00	31.00	11:29:38
纽约铂金连续	0.00	0.00	0.00	0.00	0.00	↑ 0.00	0.00	0.00	03:20:06
纽约钯金连续	299.50	302.00	302.00	299.25	302.00	↓ -2.50	302.00	5.00	08:40:03

东京贵金属期货行情 日元/克 银：日元/10克

品　种	最新价	开盘价	最高价	最低价	收盘价	涨跌	昨收价	总成交量	更新时间
东京黄金连续	2224.00	2227.00	2229.00	2220.00	2235.00	↓ -11.00	2235.00	577.00	10:51:21
东京白银连续	430.00	429.70	430.40	427.20	433.50	↓ -3.50	433.50	176.00	10:51:24
东京铂金连续	3996.00	4007.00	4015.00	3977.00	4032.00	↓ -35.00	4032.00	1048.00	10:51:23
东京钯金连续	1151.00	1160.00	1160.00	1147.00	1172.00	↓ -21.00	1172.00	25.00	10:51:23

图 5 - 6　国际贵金属期货行情

断发生变化，所以为了掌握较长一段时间内黄金价格的实际
走势，有时使用货币的不变价格，也就是采用剔除了通货膨
胀后的货币表示的金价。例如在最近 30 多年里的金价走势
是图 5 - 7 中下方的那根线，但是如果用 2005 年不变价格美
元来表示，则最近 30 多年里的金价走势就变成图 5 - 7 中上
方的那根线，实际历史最高价已经超过了 1400 美元/盎司！

美元/盎司

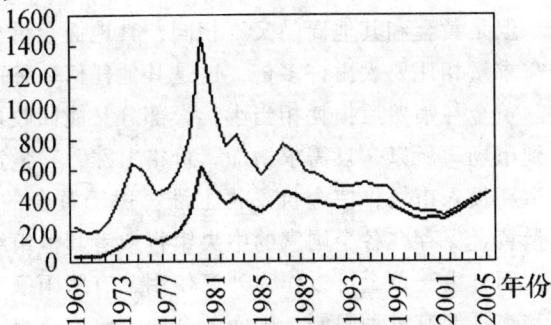

图 5 - 7　1969 ~ 2005 年美元金价走势图
（名义价格和 2005 年不变价格）

　　从图 5 - 7 中我们可以看出，实际上金价的下跌比我们
表面上看到的要大得多。因为在同一时间里，绝大多数商品
的价格都上涨了，而黄金的价格不但未涨，反而大幅下跌，
所以实际上黄金下跌的幅度不是 75%，而是 90%。
　　黄金价格是黄金市场上人们关注的焦点。虽然大家的关
注和期望并不相同：黄金生产者希望黄金价格能够维持在一
定的价位以上，以便冲销生产成本后还能有所获利；黄金投

资者希望金价能够逐步上涨，以便使自己购入的黄金能够保值、升值；黄金投机者希望金价的波动大，以便从中获利；而黄金消费者，例如黄金首饰的购买者则希望金价不要太高，以便经常更换时髦的样式。

和其他商品一样，黄金价格也是由供需两方面共同决定的，供大于求，自然价格下跌；供不应求，价格就会上涨。所以我们要了解黄金的价格，就要对黄金的供求双方进行分析。

但是黄金和其他商品又不相同，其地面存量与通常每年的需求量相比要大出许多倍，这是其他任何一种商品所没有的。黄金在消费后损耗相当小，大部分又能回收再生后重新回到市场。所以一旦需求增加，价格上涨，存量黄金可以很快重新投入市场，使金价不再上涨。由于黄金的货币特性，大量黄金保存在各个国家的中央银行或者其他组织机构的手中，而且由于黄金可以作为外汇使用，有些国家对黄金进出口和交易等有种种限制，因而各个国家政府及组织机构对黄金的政策对黄金市场也有巨大的影响，这也是黄金和其他商品不同的地方。因而我们在分析黄金价格的时候，就要注意其特点。

分析黄金价格时还要注意，由于美元金价的涨跌和美元汇率有着极其密切的关系，所以我们在关注美元金价的同时也要关注其他货币的黄金价格，这样才能看出是由于黄金本身的供求关系发生变化引起的金价上涨，还是仅仅因为美元汇率变化所致。例如在 2002～2004 年里，美元金价上涨很多，而欧元金价却上涨很少。

在人民币改为与一揽子货币挂钩以后，人民币兑美元已

经升值近 5%，所以人民币金价比过去有更重要的意义。我
们经常需要在国际金价和人民币金价之间进行换算，换算的
公式是：

人民币金价 = 国际金价 × 美元兑人民币汇率/31.1035

例如，当国际金价等于 650 美元/盎司，美元兑人民币
汇率 1:7.90 时：

人民币金价 = 650 × 7.90 ÷ 31.1035 = 165 元/克

人们经常说黄金有保值作用，这并不是说金价变动小，
而是说与其他投资方式相比相对稳定。例如，股票价格可能跌
去 50%、90% 甚至 100%，而黄金价格再跌也有底，从来没
有跌到过生产成本以下。再就是从长期来说，黄金的价格总
能和粮食、能源这样一些基本商品的价格保持一定的关系，
而不会相差太大。这是因为黄金有其本身内在的价值，不像
有的商品例如衣服、家用电器放置一段时期后会过时，食品
放置时间长了会变质，也就大大贬值甚至一钱不值了。

二、黄金价格的形成

由于黄金不同于一般商品，所以其价格的形成机制具有
鲜明的特色。在管制条件下，金价往往是由政府决定的；而
在市场条件下，虽然说和其他商品一样，黄金价格的形成也
取决于供求关系，但这种关系仍然非同于一般商品。不懂得
这一点，就不可能对金价的走势做出明确的判断，也就无法
在黄金市场中取胜。

首先，我们必须对黄金就是财富这一点有深刻的理解。为什么多少年来人们对黄金崇拜不已？为什么多少美好的词汇都和黄金有关？金光闪闪、金碧辉煌、金榜题名、金玉良言……这固然是因为黄金本身有着优良的特性，适于做各种首饰和装饰品等美好的饰物，但首先是因为在黄金中凝聚了过去千百年来人类的劳动。黄金开采是很困难的，在1848年以前，在人类认识黄金以后的几千年里，人们不过开采了1万吨黄金，因而黄金的数量始终很有限，远远不能满足人们对它的需要。而黄金的另一重要特性就是它的经久性，虽然经过千百年无数风雨的磨难，它始终能够保持其本来的面目，从而能够作为财富而沉淀下来。

近代在科学技术和生产大发展之后，人类的财富大大地增加了，而黄金的生产技术也得到了迅速发展，使黄金在人类财富中所占的比例并没有因此发生很大的变化。这就是黄金的稳定性。一位黄金专家经过研究后得出的结论是：20世纪中叶的黄金购买力和17世纪差不多。

与黄金不同，其他的财富则没有这样稳定。农业丰收了，会出现"谷贱伤农"的现象。石油生产多了，油价会下跌，石油输出组织就要设法限产，使油价稳定下来。而黄金每年的产量和地面存量相比数量很小，因而无论产量增减多少，也不会对金价有太大的影响。

黄金中包含着大量的人类的劳动，这使它具有真正的价值，而不像有些财富那样含有大量的水分。例如股票、房地产的价格在上涨时可以几倍几十倍地增加，而在泡沫破裂时又急剧下跌，因为它们的价格偏离价值过多。而黄金则不同，任何时候金价都不会过分偏离其价值。

黄金的上述特点使其得到了最重要的一个用途，即黄金是一切财富的量度。

在远古的时候，随着生产的发展，开始出现了商品的交换。人们劳动生产出来的产品不再仅仅是为了自身的需要，而是可以拿去交换，以满足更多方面的需求，这就是商品交换的开始。参加交换的物品自然必须是有一定价值，代表了一定劳动含量的；同时它们又应当是等价的，并且在双方互通有无的过程中，用于交换的物品是对方所需要的，例如用 1 只羊换 5 斤酒。这就给交换带来了难度，因为也许提供羊的人并不需要酒而需要 30 斤大米。但是这时也许他可以先用羊换成酒，再用酒去交换他所需要的大米。

随着交换的发展，一种具有特殊含义的、作为"一般等价物"的商品就从中脱颖而出，它必须是质地相同、不易腐烂变质，既易于分割和保藏、又便于携带，而且既能够化零为整又能化整为零，其他商品的交换都可以用和它的交换来代替。这种特殊的商品就是金、银等贵金属，也就是货币商品。所以马克思说："金银天然不是货币，但货币天然是金银"，"金的第一个职能是为商品世界提供表现价值的材料，或者说，是把商品价值表现为同名的量，使它们在质的方面相同，在量的方面可以比较。因此，金执行一般的价值尺度的职能，并且首先只是由于这个职能，金这个特殊的等价商品才成为货币"。

在这个意义上，任何商品的价值都可以用黄金来衡量，例如 1 头羊价值 0.1 盎司黄金，1 斤酒价值 0.02 盎司黄金，等等。

黄金之所以能够充当一般的价值尺度，从根本上来说，是因为黄金也是人类的劳动产品，它里面凝结了人类无差别的抽象劳动，它本身具有价值，而且价值很高。

而黄金成为货币以后，人们把它铸成一定的样式，并规定了其所具有的价值，这时它的金含量就成为次要的东西了。如一块金币可能在使用的过程中被磨损，变小、变轻了，但是它所含的价值并没有变。随后出现的信用货币，如商号、银行发放的各种票据，人们可以用它们向商号或者银行换取一定数量的黄金或者白银，而它们本身却只是一张纸，并不具有什么价值。政府发行的各种货币，起初也都是和金银相关的，代表一定数量的贵金属，例如，英镑最早的时候就是 1 磅重的白银。但是纸币逐渐代替了用贵金属制作的货币，它们的价值也就和所含的内容分离了。

在商品经济充分发展之后，人们逐渐用纸币、电子货币等其他手段代替了黄金。特别是在黄金市场开放之后，似乎黄金沦为了普通商品，而政府发行的货币变成了"一般等价物"，因此人们关心的是 1 盎司黄金值多少美元、多少欧元、多少日元等。人们往往认为黄金的价值在经常变化之中。其实这是把事物颠倒过来了，政府发行的货币其实也是商品，是代表了一定数量政府所规定的价值。而它们的实际价值有多高，最好的办法就是用黄金来衡量，只有黄金是"最终的尺度"。因此金价的高低，反映的正是这种货币价值的高低。当美元金价走低时，说明美元的价值在升高；而当美元金价走高时，说明美元的价值在降低。只有理解了这一点，我们才能正确地理解金价的变化。

因此，在这个意义上说，黄金作为货币的作用在商品社会中永远不会消失，因为任何其他货币或者资产的价值都会随着时间变迁而发生变化，不可能保持恒定，只有黄金的价值能够与世长存。要知道一种货币的价值，黄金是最好的参照物，而不能是任何其他什么货币。也正因为如此，人们愿意持有黄金，尽管它带来的收益少，还要为之付出保管费、运输费，等等。持有黄金就是拥有财富，这是亘古不变的真理。

下面，我们先介绍一般性的分析黄金价格的方法，然后再从历史上金价变化的过程中来理解和认识怎样分析金价的走势。

第 6 章

黄金市场分析

要想了解影响黄金价格变化的因素，掌握黄金价格的变化走势，我们就要对黄金价格进行分析。进行分析的基本方法有两种：即基本分析和技术分析。

一、基本分析

基本分析（Fundamental analysis）是力图找出黄金的价格走势和黄金市场之外的事物的联系，以求得出金价的发展方向。影响金价的因素很多，主要的因素有：

全球特别是美国的政治、经济形势；

各国政府及中央银行的黄金政策；

国际金融市场的变化，如各国货币之间的汇率，特别是美元汇率的变化，银行利率，特别是美国利率的变化等；

各主要黄金生产商的套期保值策略；

97

黄金生产情况；

黄金消费情况；

其他如时间因素、心理因素等。

（一）美国的政治、经济形势

作为一种能保值的商品，黄金的价格与全球的政治和经济形势密切相关。通常它与政治经济形势的好坏呈一种负相关的关系。也就是说，越是在战争、动乱、灾害、通货膨胀的情况下，其价格越是上涨。因为在这时人们往往已经对依靠政府信用发行的纸币失去了信任，只有黄金因为其本身的内在价值能够得到人们的青睐。

近几十年来，虽然没有发生过世界大战，主要是地区性冲突和局部战争，但是每次大的事件往往都会使金价上涨，不过因为其影响深度不同而使金价上涨维持的时间和幅度各不相同。

经济对金价的影响则是双重的，一方面经济衰退会使人们的购买力下降，造成黄金首饰的消费量减少，其他工业用金如电子工业用金数量萎缩等，致使黄金需求下降。但是另一方面当经济衰退，其他投资难以取得收益，或者当人们预期有可能发生通货膨胀时，会买入黄金以求保值，使黄金需求增加。

美国的政治、经济形势对国际金价的影响就更大了。在20世纪70年代，美国的经济由于越南战争的拖累陷入了泥潭，再加上世界能源危机，而被迫取消了美元和黄金挂钩的政策，金价大幅上涨。而在80年代和90年代，美国的经济发展迅速，金价长期陷入低迷，步步下跌。

美国股市对美元金价往往会产生直接的影响。因为当股市上涨时，人们纷纷抛出手中的其他资产包括黄金而买入股票，企图在股市中获利。而当股市下跌时人们又会用手中的资金购买黄金。所以美元金价往往和美国股市的走势呈相反关系。而且美国股市往往和美元走势方向一致，这样就增强了对金价影响的力量。

为此，人们常常关注美国经济的发展情况，直接产生影响的就是美国政府和一些咨询机构发布的经济指标等，例如，每月或每周公布的消费者信心指数、生产者价格指数、非农业新增就业人数和失业率、国内生产总值（GDP）增长情况等，都会直接影响到美国股市和美元的景气程度，也就会对金价产生影响。

世界其他各国的政治经济发展状况则往往影响到黄金的需求和供给，也会对金价产生间接的影响。例如亚洲经济危机时，东南亚各国都减少了黄金的消费，有的国家还出现大量黄金作为再生金返回市场的现象，这自然也影响到金价走高。再如世界最大的黄金消费国印度每年的黄金消费是和气候紧密相关的，因为农民是购买黄金的重要力量，而影响收成的最主要因素就是每年的季风，所以当季风好的时候黄金消费就多，反之消费就下降。

（二）各国政府及中央银行的黄金政策

由于各国中央银行持有大量的黄金，而他们对持有黄金的态度各不相同，有的银行在增加黄金储备，而有些银行则采取减少黄金储备的政策，伺机出售黄金，所以对国际市场的金价也有很大的影响。

1999 年，国际金价下跌到 20 年来的最低水平，其重要原因就是当时英国银行决定出售黄金，使国家的黄金储备从 700 吨减少到 315 吨，并开始了两个月一次的拍卖。而瑞士则准备将 2600 吨黄金储备减少一半，即出售 1300 吨。正是在英国第三次拍卖黄金之后，金价跌到了 20 年来的最低点 252 美元/盎司。

除了出售黄金之外，还有不少国家采取出借黄金的政策。一般是由国家央行把黄金出借给商业银行，商业银行再把黄金出借给产金商或者投机商等，借以获得利息。而这些黄金在市场上出借以后，就加大了黄金的供应，促使金价走低。

但是由于黄金价格下跌，对于有大量黄金储备的国家来说就不利了，因为他们库存中的黄金实际发生了贬值。而且金价不断走低，对于生产黄金的国家来说也很不利，南非的黄金生产商当时就联合起来在欧洲举行抗议。所以在 1999 年 9 月，欧洲 15 个国家的中央银行联合签署了一个关于限制售金贷金的协议，其主要内容如下：

《华盛顿协议》（Washington Agreement）

1999 年 9 月 26 日，欧盟组织成员（不包括丹麦和希腊）以及瑞士宣布了下列条款：

（1）黄金依然是全球货币储备的重要组成部分。

（2）协议的签字国决定未来 5 年按每年大约 400 吨，合计不超过 2000 吨的计划限定黄金销售。5 年后协议将重新修订。

（3）协议的签字国将把其贷金规模限制在已有贷金数量之内，不再增加新的黄金用于借贷和黄金衍生物。

没有在协议上签字的包括加拿大、美国、日本、澳大利亚、国际结算银行以及国际货币基金组织等。协议签署之后，美国声明它既不买也不卖。日本声明不出售黄金，国际结算银行以及国际货币基金组织声称它们将遵守协议精神。

该协议到期之前，2004 年 3 月 8 日欧洲 15 国央行在瑞士的巴塞尔再次举行会议，其基本精神和前次协议基本一致，只是将每年售金数量提高到不超过 500 吨，期内总售金数量不超过 2500 吨。

这两次协议至今为止的实际完成情况如下：

到 2004 年 9 月，在第一个限制售金协议范围内，各个签字国家出售的储备黄金数量有：瑞士 1170 吨、英国 345 吨、荷兰 235 吨、奥地利 90 吨、葡萄牙 125 吨、德国 35 吨，合计 2000 吨。

在 2004 年 9 月到 2006 年 9 月的第二个限制售金协议范围内，各个签字国家出售的储备黄金数量有：欧洲央行 114 吨、奥地利 26.7 吨、比利时 30 吨、法国 239.6 吨、德国 9.7 吨、荷兰 122.5 吨、葡萄牙 99.8 吨、西班牙 65.6 吨，此外还有瑞典 25 吨、瑞士 130 吨（以上统计数据是到 2006 年 9 月共计完成了 877.2 吨，比计划指标低 122.8 吨）。

各个国家对黄金采取不同的政策，对黄金消费进而对金价也会产生巨大的影响。就以我国为例，在新中国成立后很长一段时间里，由于国家需要外汇，对黄金采取统购政策，私人不得持有和买卖黄金，所以也谈不上黄金消费。而随着国家发展，对黄金的政策也逐步走向开放，首先是允许个人购买黄金首饰，随后是允许个人购买金条，然后是开放各类黄金投资业务，使我国在人均收入不断增长的情况下，黄金消费也逐步增长。中国的黄金消费有可能从当前的每年200多吨增加到400~500吨，这将对国际市场的金价产生一定的影响。印度就是在国家对黄金采取开放政策以后上升为全世界第一大黄金消费国的，2005年消费达近700吨。

（三） 国际金融市场的变化

最近二三十年来，国际金融市场出现了引人注目的巨大变化。最明显的是由于电子技术的发展，涌现了各种各样的金融工具，而外汇市场的发达，使古老的货币——黄金黯然失色。因为持有外汇，可以通过市场交易获得收益，而持有黄金不但不能从中获益，而且还需要为之付出保管费。这是黄金越来越不受宠的重要原因。

金融市场的变化，包括各个国家的货币政策等都给黄金市场带来巨大的影响。而银行利率，特别是美国银行的利率对金价的影响最大，其原因就在于前面讲到过的国际黄金借贷市场。

自20世纪80年代以来，国际黄金市场呈现出了单边下跌的走势，从1980年的800多美元/盎司一直下跌到1999年的接近250美元/盎司。这是因为黄金真的没有用了吗？其实这里面有很大炒作的成分。

因为各个国家的央行把黄金借给商业银行，商业银行又把黄金借给产金商和投机商。他们拿到黄金后就在市场上卖掉，然后把所得的资金存到银行里获利。贷金利率很低，通常一年期的只有1%左右，而银行的利率高得多，像美国银行的利率就长期保持在5%以上，加上黄金的价格又在持续下跌之中，这样产金商和投机商就从中获取了大量收益。在

1999 年时，有的产金商已经把 5 年甚至 10 年以后的黄金产量都拿出来做空。

直到 1999 年金价已经迫近了黄金生产商的生产成本，以至南非的黄金生产商到国际上举行抗议，要求控制金价。但是金价在 1999 年出现猛烈上涨之后，并没有保持住，反而在 2001 年再次跌到了 250 美元附近。而这一次金价却真正站稳了脚跟，出现触底反弹，并从此走出上扬的行情。这里面根本的原因就在于美国的低利率。

因为美国的利率在一年多的时间里 13 次下调，一直下跌到银行间拆借利率只有 1%，是 45 年来的最低点。在这样的价位上，产金商和投机商已经无法做空，因为银行利率和贷金利率之间的差价很小，他们做空几乎没有利润可赚，甚至还要赔钱，于是就反过来了。投机商开始买入黄金做多，而生产商则把以前做空的部位冲销掉，称做对冲减持。

（四）各主要黄金生产商的套期保值策略对金价的影响

世界上虽然很多公司都生产黄金，但是一些大公司在其中占据着举足轻重的作用，例如，美国的纽蒙特公司 2005 年产金近 200 吨，接近世界第五大黄金生产国——秘鲁一年的金产量。

而这些公司每年销售的黄金并不和生产出来的黄金数量一致，有的时候多，有的时候少。重要的原因在于产金商并非都是在生产出来黄金以后才销售，而是往往通过出售黄金期货、期权提前或推迟销售。有时一些公司甚至在黄金被生产出来以前提前 1 年、2 年甚至 5 年、10 年就出售掉。这是在过去金价下跌时产金商为了保护自己所采用的一种策略。

而在当前金价上涨的时候他们就改变策略了，因为过去定下的金价往往比较保守，当金价上涨时他们还按原来的价格出售就吃亏了。

所以自2000年特别是2001年以来，各产金商纷纷减少对冲，也就是在过去签下的销售合同到期的时候，不再像以前那样又签订新的销售合同，而是将生产出来的黄金交给经纪银行，而银行又会把这些黄金还给中央银行，回归到国库里。这样市场上供应的黄金就减少了。2004年生产商对冲减持达到400多吨，2005年数量虽有所减少，但仍对金价有一定支持作用。

（五）金价与汇率的关系

各国货币之间的汇率，特别是美元和各黄金主要生产国货币如南非的兰特、澳大利亚的澳元以及黄金主要消费国货币如欧洲的欧元、日本的日元等货币之间的汇率关系波动，往往对金价有很大的影响。

因为黄金是用美元标价的商品，我们通常所说的金价都是指的美元金价，所以当美元汇率下跌时，使用其他货币如欧元和日元的消费者和投资者就会发现他们使用当地货币购买黄金时，金价变得便宜了。这样就刺激了他们的消费，黄金需求增加，使金价走高。而反过来，当美元汇率上涨时，对使用欧元和日元购买黄金的消费者和投资者来说，金价变高了，这样就抑制了他们的消费，黄金需求减少，使金价走低。

例如，假定金价保持550美元/盎司不变，当美元和欧元的比值为1.1：1时，欧元金价是500欧元/盎司。如果美元对欧元的汇率下跌到 1.2∶1，欧元金价下跌到 458 欧元/盎司，购买黄金的人自然会增加。而当美元对欧元的汇率上涨到 0.9∶1 时，欧元金价也会上涨到 611 欧元/盎司，这样购买黄金的人就会减少了。

汇率对黄金生产国的影响也产生着同样的效果。这是因为当美元汇率上升时，对于出售黄金的国家，如南非和澳大利亚的黄金生产商会发现他们出售黄金时得到的收入增加了。因为矿山的生产成本是按当地货币计算的，销售黄金后有利可图。这样就会刺激他们出售黄金，甚至把还没有生产出来的黄金提前在市场上做期货销售掉，结果就是市场上的供应增加了，使得金价走低。

而在美元汇率下跌时，黄金生产商出售黄金时得到的收入就会减少，这样就会使他们推迟出售黄金，把生产出来的黄金尽可能地囤积起来，等待市场转好。结果使生产商的供应减少了，金价随之走高。

同样假定金价保持 550 美元/盎司不变，当美元和澳元的比值为 1∶1.4 时，澳元金价是 770 澳元/盎司。如果美元兑澳元汇率下跌到 1∶1.3，澳元金价下跌到 715 澳元/盎司，出售黄金的人就会减少。而当美元和澳元的比值上涨到 1∶1.5 时，澳元金价上涨到 825 澳元/盎司，这样出售黄金的人就会增加了。

美元汇率还直接影响到黄金生产商的获利。例如，南非的货币兰特在前几年大幅升值，这样生产成本换算成美元时大幅上升；而黄金在出口时换回的兰特数量减少，利润下降，这样生产商的积极性就受到打击而不愿增产，导致产量下降。

从黄金的保值角度来看，黄金也是一种商品，而且是保值性好，即价值最稳定的商品。所以美元和它的比价直接反映出美元的价值。这样当美元汇率下跌，也就是美元的价值下跌时，自然金价要上涨了。

（六）黄金供应情况

黄金供应主要来自矿产金、再生金、央行售金、生产商对冲减持和逆向投资。

再生金指的是首饰等回收后再做成金锭投入黄金市场，而非以旧换新。逆向投资是指以前进行的黄金投资反向进行，如把金条卖掉换成货币。

央行售金和生产商对冲减持已经在前面提到，下面讲一下其他的供应情况。

目前每年全球矿山生产的黄金为 2000 多吨，约占总供应量的 70%。

从产金分布的地区看，南非、北美和澳洲依然是最主要的产区，但是呈现出日渐衰落的势头。中国、俄罗斯、印尼、秘鲁等国家在迅速追赶上来，不过和前几名还有一定的差距。

黄金生产成本并非是影响产量的主要因素，在最近两年金价虽然上涨了不少，但南非等国家的黄金产量却仍在减少。这是因为他们的老矿区资源已经开采得差不多了，而由于前几年金价低迷，勘探和开发工作跟不上，致使可供开采的黄金储量不断减少，因而世界黄金产量的增长有减缓的趋势，除非金价的上涨足以吸引对黄金开采业增加投资。

黄金产量和黄金价格之间虽然没有直接的联系，但是产量上升会增加市场上黄金总的供应量，因而抑制金价的上涨；反过来金价上涨则会刺激对黄金开采业的投资，使黄金产量增加，这是很明显的。

再生金和各个国家地区的经济状况以及金价高低都有密切关系。自 1997 年开始的东南亚经济危机造成该地区大量黄金回收，是 1998 年再生金数量突破 1000 吨的主要原因。而近几年的金价上涨也使 2002 年以来世界再生金的数量一直保持在每年 800 多吨的水平以上。

逆向投资是黄金投资的反向行为，在金价低迷时，投资黄金的人少，逆向投资就多；金价上涨，黄金投资增加，逆向投资就少。

（七）黄金需求情况

黄金需求主要包括黄金消费和黄金投资两大部分。黄金消费包括首饰业，其他用金业如电子、装饰（建筑、服饰……）、医疗等。黄金投资则是指用于储备（指政府、央行、国际组织等的行为）、储蓄（指企业、机构或个人行为）或投机（既有投机商也有个人）用的金条、金币等。黄金生产商的回购也包括在内。

首饰是黄金消费中最重要的方面，2005 年全球用于首饰的黄金 2700 吨，占了消费总量的 2/3。

但是近年来黄金用量由于受到铂金和钻戒等其他材料首饰销量增加，以及用 K 金首饰代替足金首饰倾向的影响，消费有所下降。

黄金投资受世界政治、经济形势的影响，也和各个国家、地区的形势有关。除了近两年因为全球地缘政治形势紧张、恐怖主义威胁加大、经济复苏缓慢等造成黄金投资增加之外，我们也看到有其他的因素影响。如在 2000 年之前，因为"千禧年"的到来造成恐惧，特别是传说计算机系统可能发生问题，许多人纷纷买入金币，造成黄金投资增加。又如 2002 年初，因为日本银行取消对大额存款的保险，导致日本人大量买入黄金，使黄金投资剧增。

目前全球的黄金投资呈上升趋势。

（八）影响黄金走势的其他因素

除了上面讲到的这些主要因素之外，还有许多其他因素。

时间因素。例如节假日是一个影响金价短期波动的重要因素。大的节日如西方的圣诞节，中国、东南亚等国的春节，印度的新年（排灯节）等都是黄金首饰的旺销季节，由于对黄金的需求增加而使金价上涨。而在节假日前夕，特别是当双休日碰上节假日联休时（国外称之为长周末），由于休息的时间比平常要长，如果在此期间因为其他因素的影响造成金价发生变化，手中持有大量黄金或者黄金衍生物的投资者就会有较大的风险，所以在这时职业投资者往往要减少手中持有的仓位以防不测，这对短期金价往往也会有一定影响。

心理因素。人们的心理对金价也会产生一定的影响，职业投资者往往就利用这点使金价上下波动，以便从中牟利。

首先，人们有从众的心理，所以和股票一样，往往是买涨不买落。这样当买的人多时金价就上涨，于是吸引更多的人来买，金价就涨得更多。而在金价下跌时人们怕还会继续下跌，所以买的人就少，使得金价下跌不止。

其次，是求稳的心理。当金价快速上涨时，人们希望金价还能回到原来价位，所以很难持久；而在金价逐渐上涨时，人们看到金价难于回到原来价位，所以得以持续。

比价影响。其他商品的价格，首先是其他贵金属的价格，其次是石油的价格等对金价往往也有一定的影响。贵金属价格中首先是金银价格的关系，虽然说在更多的情况下是金价带动银价，但是在一定的条件下银价也能带动金价。白银虽然在工业上主要是在电子业和摄影业中需求很大，因而具有相当多的工业金属的属性，但是仍然属于贵金属的范畴。所以人们经常关注金银价格之比，当比值在 50~70 之间时被认为是正常的，而当比值过大或过小时就可能有一方需要调整了。

而如果其他物价上涨，特别是能源价格上涨往往会带动其他物价上涨，就有可能造成通货膨胀，所以关注金价的人也经常关注其他商品特别是石油的价格。

金价本身的高低对黄金需求也造成一定的影响。特别是在像印度这样一些国家里，当金价上涨时，购买黄金的人就减少；反过来，金价下跌时，购买黄金的人就增加。所以当金价上涨时，首饰消费等会下降，使得需求减少。而需求减少又会抑制金价上涨。

金价变化的快慢有时对需求的影响更大，特别是当金价突然变化时，需求的变化也比较大，只有金价长期维持一个走势的时候，需求的变化才会不那么明显。例如，在美国发生 "9·11" 事件之后金价迅速上涨了 40 美元，但是在不久之后又归于平静，因为需求跟不上价格的变化。一些消费者会认为金价太高而暂停消费，等到金价回落以后再进行。当金价走出一个慢牛走势，随着金价缓慢上升，消费者看到金价上涨成必然趋势时，也就不再因为金价高而减少消费了。

资金因素。推动金价走高需要资金，而其他市场也需要资金，所以当美国（或其他国家）股市走高时，有些人就会抛售黄金兑现以便把资金拿去买股票；另外，有时如期货市场出现大幅下跌，也会有人抛售黄金兑现用来在期货市场上追加保证金。总之，各个市场之间不是相互隔离，而是相互联系的，所以要注意他们之间的关系。

在以上诸因素中，供求关系和全球特别是美国的政治、经济形势起主要作用，而且是长期起作用的因素。而各国央行和生产商的策略则对黄金的中期走势影响较大，往往会决定在一个时期内金价的变化。而美元汇率和油价等则经常直接对金价发生影响，所以往往有美元涨、金价跌或者油价涨、金价涨的说法。

二、技术分析

技术分析就是对黄金市场中诸因素的变化进行分析，特别是把黄金价格的走势和它自身以前的走势相比较，从中找出规律，从而确定金价运动的方向。

如果说基本分析解决的主要问题是市场为什么波动，技术分析解决的主要问题则是市场什么时间和位置发生波动。

或者说基本分析人士关心的首先是原因，而技术人士关心的主要是结果。

技术分析的基础是相信所有市场波动背后的主要原因是心理因素，这是了解市场供求关系的窗口。因为市场毕竟是按照商品的价格而非价值来进行交易的。

技术分析有三条基本原则：市场行为包容一切、趋势分析高于一切和历史会重演。

（1）市场行为包容一切指明所有影响价格的政治、经济、媒体和大众心理等因素都已经反映在价格的变化之中，所以只要研究价格的变化就足够了。

（2）趋势分析的重要性是说市场中最重要的事情莫过于找出市场的主要趋势，一旦趋势明朗了，趋势延续的可能性就非常大。如同物理学中的牛顿第一定律，"在受到外力之前物体将保持静止或者匀速直线运动"，市场在出现明确的改变趋势的迹象之前将保持沿原有方向运动。

（3）历史会重演是说虽然市场会变化，但人的心理不会改变。当价格在从高峰到低谷之间变化的时候，人们的心理也会在贪婪到恐惧、乐观到悲观之间变化。所以反映价格走势的图形必定会在适当的时候重演。

应用技术分析可以帮助我们分析金价的走势，决定应对的策略。但是不要把它看成像数学公式一样精确的科学，以为掌握了它就可以在市场中百战百胜。它只是一种方法，可以帮助我们增加收益，降低风险，却不能为我们打保票。

有的人认为技术分析和基本分析是互不相容的，导致两者的拥护者互相攻击。其实市场的发展证明，两者的长期运行轨迹是相同的，完全可以并用。

（一）道氏理论

技术分析的理论基础是道氏理论，华尔街的怪杰道·琼斯因为创造出道·琼斯工业股票指数而闻名于世，而他创造的道氏理论则更是现今所有图表走势派理论的基石。虽然道氏理论原先是为研究股票走势而创造的，现在已经广泛应用于期货市场和其他商品市场中。道氏理论虽然不能为我们像数学那样演绎出精确的结果，但是它的有普遍指导意义的六个基本点却是每个投资者在做出决策时所必须遵循的。

（1）均线包容一切。这点贯穿于整个技术分析理论之中，实际上，如果把平均价格换成市场价格，就成了"市场价格包容一切"，也就是技术分析理论基础中的第一点，所以在进行技术分析之前我们必须深刻领会这一点。技术分析者关注价格，是因为所有能够影响市场价格的因素都已经反映在价格之中了。

（2）商品价格的变动有三种趋势。而其中最主要的是基本趋势，这种变动持续的时间通常为一年或一年以上。对投资者来说，基本趋势持续上升就形成了多头市场，也就是我们通常所说的牛市，而持续下降就形成了空头市场，也就是熊市。

牛市中的低点为我们提供买入的机会，而熊市中的反弹为我们提供卖出的机会。这种低点和反弹就是商品价格变动的第二种趋势，我们称之为次级趋势，它与基本趋势的运动方向相反，并对其产生一定的牵制作用，持续时间从几周到几个月。

次级趋势往往也会在一定的时间内统治市场，但我们不要忘记，一般情况下市场还会回到主要趋势上面来。

那么问题就来了：什么时候我们才能确定说这个次级趋势已经变成新的主要趋势了呢？这正是技术分析中的最困难之处。通常我们认为当价格突破了主要支撑位或者阻力位的时候，就是发出了新趋势开始的信号，这时投资者就该改变交易方向了。

我们回顾金价走势可以发现，在一个长期趋势确定之后，金价可以连续几年甚至十几年不变。在 1980～1999 年的近 20 年间，虽然中间有过起伏，但总的趋势一直向下，从每盎司 800 多美元下跌到了 250 多美元，这就是长期趋势的作用。黄金市场的长期趋势主要受全球特别是美国经济形势的影响，美国的经济形势没有发生根本性变化，金价也难于改变其长期趋势。

中期趋势则是金价在长期走势基础上的波动，通常为一个月或几个月，有时也可能维持一年甚至更长一些的时间。它常常受其他政治或经济因素的影响而造成，如战争、能源价格变化，等等。

短期趋势是指较短时间通常为几天内金价的变化，影响其变化的因素众多，最直接的就是美国股市和美元走势。

（3）主要趋势分成三个阶段。正确分析当前的趋势环境是很重要的，因为在无方向盘整和有方向涨或跌的条件下的操作策略是不同的。虽然在牛市中出现反转信号之前我们应当继续买入，但是如果在市场到顶之前我们还在买，那等待我们的就可能是巨额亏损！所以我们必须了解目前市场所处的位置。

一个大牛市通常早在以前的熊市结束之前就已经开始了。这时利空消息依然不绝于耳，但对市场的影响力却大大减弱了。这时机敏的投资者已经开始买入，从而在市场中又出现一个高位。市场空头错误地认为它们依旧把持着市场，但是在随后的下跌中却未能创出新低，市场的趋势改变了。这就是主趋势的第一阶段——初期阶段。

主趋势中的第二阶段——主升阶段是最强也是时间最长的。市场实现了反转，空头发现自己错了而纷纷平仓，从空头变为多头。这是入市做多的好机会，风险小而收益大。

主趋势的第三阶段——收尾阶段中市场继续在出现利好时上涨，每个人都希望到市场中来分一杯羹。而聪明的投资者已经开始卖出以锁定利润。市场已经超买，上涨的楼阁只不过是建立在松软的沙滩上，坍塌是随时都会发生的！

（4）均线走势要一致。道·琼斯在他那个时代研究的是工业股票、公用事业股票和交通运输股票的均线。他发现各种股票的长期走势最终必定保持一致，大家都创新低时就说明还处于熊市，都创新高则处于牛市。如果各种股票走势互不相同时最好就站在一边观望。

在黄金市场中金价走势和黄金股票走势、金价走势和银价走势等也有类似现象。

（5）成交量要和趋势相一致。也就是说，在牛市中应当是价升量增，价跌量缩。如果成交量持续下跌，则可能是告警的信号，市场快要转熊了。

（6）一个市场趋势将继续延续，只有在出现了确定的反转信号时，才能认为趋势改变了。

道氏理论是技术分析的基础，他的理论和其他技术分析工具一起为我们参与市场提供了有力的工具。

（二）金价走势图

常用的金价走势图有 K 线图、条形图和线条图等。

1. K 线图

K 线图是由日本人发明的，由于它在表示行情时更直观，不仅能看出当天的涨跌，而且能看出双方买卖力量的对比，含义丰富，深受东方人喜爱，使用它的西方人也日渐增多。是国内在股市、期货市场上应用最广泛的一种图。

K 线图由开盘价和收盘价、最高价和最低价组成。做图时通常线将开盘价和收盘价用一个小矩形的上下边来表示，这个小矩形称为实体。再将最高价和最低价与小矩形的上下边中点用线条相连，分别称做上下影线。当开盘价比收盘价低时称为收阳，这条 K 线称做阳线，把小矩形涂成白色或红色；当开盘价比收盘价高时称为收阴，这条 K 线称做阴线，把小矩形涂成黑色或绿色（国外所用颜色与国内正好相反，阳线为绿色，阴线为红色）。如图 6－1 所示：

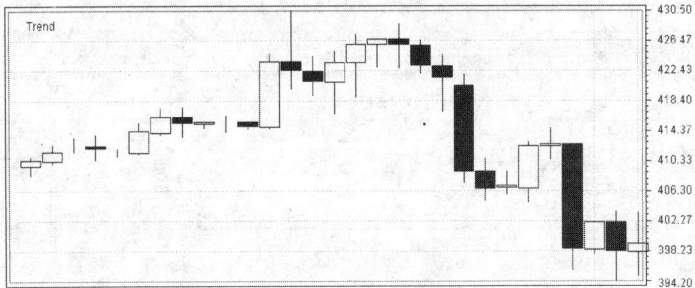

图 6－1　K 线图

也有时开盘价和收盘价相同，则矩形变成短横线，与上下影线一道称做十字星；如果最高价或最低价和开盘价或收盘价重合，就会只有一根影线称做光头或光脚。

我们将每天的K线图画在一张纸上，就得到日K线图。从图上我们就可以清楚地看出价格变化的趋势，是连续上涨还是连续下跌，以及升跌的变化幅度等。

同样我们也可以画出周K线图、月K线图等。

2. 条形图

条形图比K线图简单，绘制容易，使用方便，欧美人比较喜欢用。

将一天之内的最高价和最低价用垂直线段相连，在线段的左侧用一条水平横线表示开盘价，在线段的右侧用一条水平横线表示收盘价，这样一根条形线就做好了。不过欧美人认为开盘价并不重要，因为它受人们心理的影响比较大，所以通常在图上只画出最高价、最低价和收盘价。同样也可以画出周线图、月线图等。如图6-2所示：

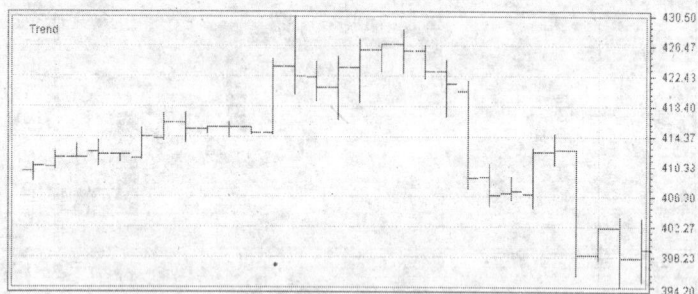

图6-2　条形图

3. 点线图

点线图是最简单的，直接将每天的收盘价标在一张纸上，再用曲线连接起来，就得到了日线图。这种做法的好处是简单直观，容易判断金价的趋势，如图 6 - 3 所示：

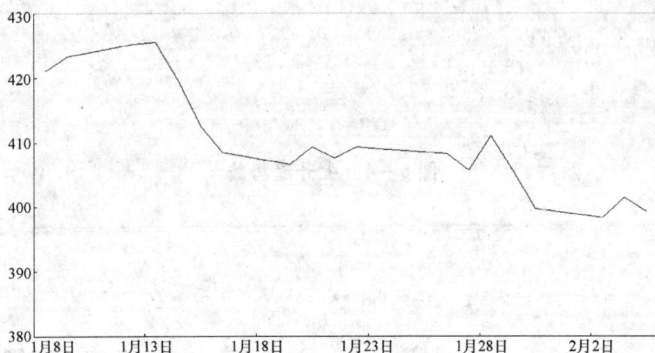

图 6 - 3　点线图

4. 趋势线图

确定金价的趋势采用趋势线的方法。在选定的一段时间内，如果金价是上涨的，我们就把这段时间内的几个最低点连起来，这样就构成了一条上升趋势线。

在上升的过程中找一个明显的相对高点，由它出发作上升趋势线的平行线，我们就得到一个上升通道。上面一条平行线称为压力线，下面一条平行线称为支撑线，如图 6 - 4 所示。同样我们也可以画出金价下跌时的下降趋势线和下降通道。这时上面一条平行线还是压力线，下面一条平行线还

117

是支撑线，如图 6 - 5 所示。它们也分别被称为上轨和下轨。

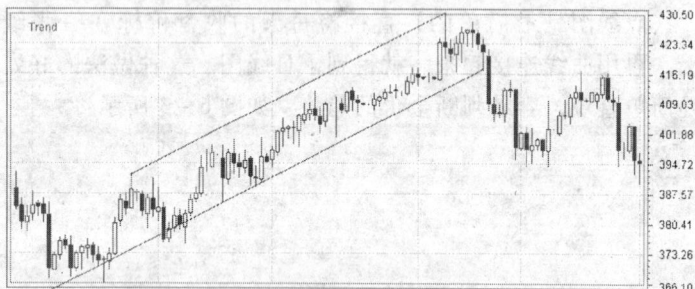

图 6 - 4　上升趋势线

图 6 - 5　下降趋势线

　　也有的时候，由于外部市场条件变化不大，使金价保持在一个区间内运行，这时两条平行线变成水平的，金价遇到上轨时下跌，遇到下轨时上涨，我们称之为箱体波动，如图 6 - 6 所示。当市场条件发生变化时金价会从上一个箱体下跌到下一个箱体，原来的支撑线就变成了阻力线，或者金价从下一个箱体上升到上一个箱体，这时原来的阻力线就变成了支撑线。

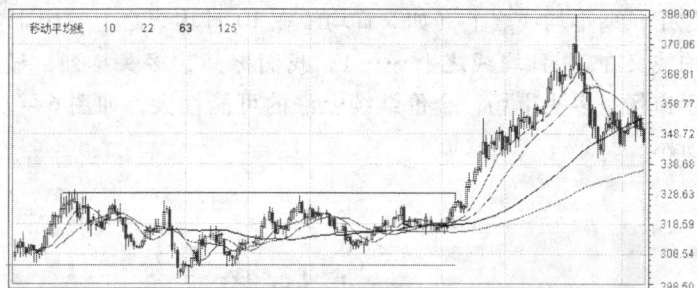

图6-6　箱体波动

一般情况下，如果没有其他事件的影响，金价会在这两条线之间运行。直到运行足够时间，或者市场条件发生显著变化的时候，金价才可能改变运行的角度或者完全改变运行方向。

5. 移动平均线图

移动平均线（Moving Average line）是分析金价走势的强有力工具。

移动平均线就是将若干（n）天内的金价（通常采用伦敦下午定盘价）逐个相加起来，再除以总天数 n，就得到了第 n 天的平均值。再将各天的平均值画在一张图上，并用曲线连起来，就得到了 n 日平均线。常用的有 10 日、20 日、50 日、100 日、200 日平均线等。

移动平均线反映的是一段时间内金价运动的趋势，越长

119

时间的移动平均线的运行方向越稳定。

通常我们用移动平均线来确定黄金市场的趋势。

如果金价位于各条平均线之上，而各条短期平均线分别位于长期平均线之上（如 5 日均线在 10 日均线之上、10 日均线又在 20 日均线之上……），我们称其为多头排列，显示市场是多头市场，金价继续上涨的可能性大，如图 6 - 7 所示：

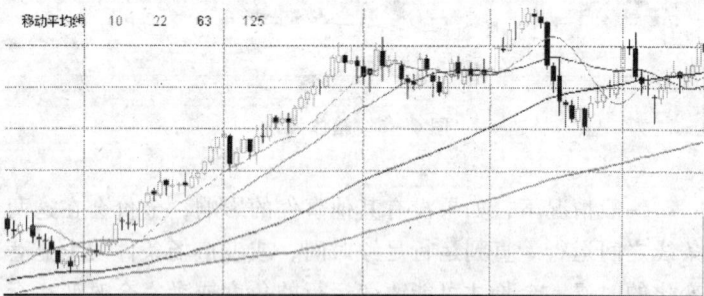

图 6 - 7　移动平均线的多头排列

反过来，如果金价位于各条平均线之下，而各条短期平均线分别位于长期平均线之下（如 5 日均线在 10 日均线之下、10 日均线又在 20 日均线之下……），我们就称其为空头排列，显示市场是空头市场，金价继续下跌的可能性大，如图 6 - 8 所示：

如果多头排列或者空头排列发生变化，也就是在多头市场中短期平均线跌破长期平均线，称做死亡交叉，表示金价趋势变坏；在空头市场中长期平均线向上穿过短期平均线

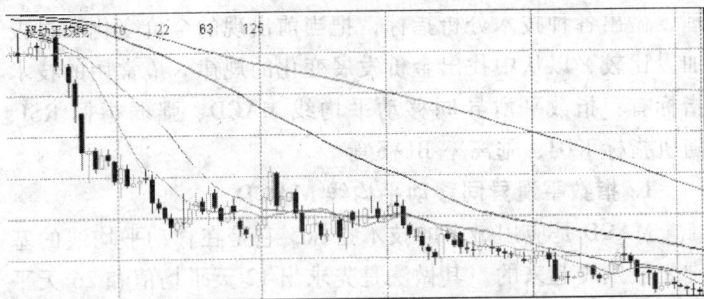

图 6 - 8 移动平均线的空头排列

时，称做黄金交叉，说明金价趋势变好。

位于金价下方的移动平均线有助涨作用，我们称其所在的位置为支撑位；位于金价上方的移动平均线有助跌作用，我们称其所在的位置为阻力位。所以当金价从上方下跌接近均线时，往往会再度升起。而当金价从下方上涨接近均线时，往往会再度下跌。

当金价远离移动平均线时，均线有吸引作用。也就是说，上涨中的金价有可能出现下跌，下跌中的金价有可能出现上涨。这是因为均线代表市场上大多数人的合同执行价，如果大多数多头都已经获利，就会有较多的多头愿意平仓出局，落袋为安，这种状态称做超买。如果大多数空头都已经获利，也会有较多的空头愿意平仓出局，将账面利润变为实利，这种状态称做超卖。

（三） 技术指标

除了移动平均线之外，人们还对每天的金价进行各种处理，做出各种技术分析指标，把当前出现的金价变化和过去加以比较，以从中找出金价发展变化的规律。最常用的技术指标有：指数平滑异同移动平均线 MACD、强弱指标 RSI、随机指标 KDJ、乖离率 BIAS 等。

1. 指数平滑异同移动平均线 MACD

MACD 是应用最多的技术指标，它是在移动平均线的基础之上发展起来的。其做法是先求出 12 天平均值和 26 天平均值的差 DIF，然后对 DIF 再求出其 9 天的平均值 DEA，MACD 即是这两者的差值，也就是：MACD = DIF – DEA

为了减少短期波动的影响，在计算平均值时不用简单的算术平均值，而是采用指数平滑的方法，所以称之为指数平滑异同移动平均线。

计算公式为：n + 1 日的平均值 = n 日的平均值 * （1 – α） + （n + 1） 日的收盘价 * α

这里的 α 是平滑因子，α = 2/n + 1

画图时图左边的纵坐标表示高度值，中间为零，横坐标是时间。将每天的 DIF 和 DEA 值联起来就成为 MACD 曲线。再将每天的 MACD 值向横坐标画垂线，就成为 MACD 柱状线图，通常在 MACD 值为正时画成红色，为负时画成绿色，如图 6 – 9 所示：

我们在观察移动平均线时可以看到，当金价发生变动时，短期平均线要比长期平均线的变化来得快，所以短期平均线称做快速平均线，长期平均线称做慢速平均线。这里的快慢自然是相对的，5 天平均线比 10 天平均线快，而 10 天平均线又比 20 天平均线快。DIF 就是快速线和慢速线（通常为 12 天和 26 天平均线）的差值。当金价持续上涨时，

图 6 - 9　指数平滑异同移动平均线（MACD）图

DIF 增大；而当金价连续下跌时，DIF 减小。市场连续下跌时，快速线会向下穿过慢速线，DIF 由正变负，且负值增大；而当市场连续上涨时，快速线会向上穿过慢速线，DIF 也由负变正，且正值增大。因此，DIF 的走势与金价的走势是基本一致的，只不过经过指数平滑运算，减少了每日波动的影响。

DEA 则可以看做是 DIF 的移动平均线，它们之间的关系和金价跟移动平均线的关系是一样的。

应用方法：

①判断大势。当 DIF、DEA 为正值时，大势属多头市场，反之为空头市场。

②DIF 和 DEA 发生黄金交叉时是买入时机，发生死亡交叉时是卖出时机。

③正 BAR 由长变短是卖出信号，负 BAR 由长变短是买入信号。

④顶背离和底背离。当金价不断创出新高时，DIF 和 DEA 却不配合出现新的高点甚至走低，称为顶背离，是卖出信号。反之，当金价不断走低时，DIF 和 DEA 却不配合出现新的低点甚至走高，称为底背离，是买入信号。

2. 随机指数（KD 线）

随机指数主要用于短线，特别是在期货市场当金价上下波动时寻找买入和卖出点比较有用。因为它计算时不仅考虑了收盘价，而且考虑最高价和最低价，能更准确更迅速地反映金价变动的趋势。在金价波动较小时，该指标会出现高位或低位钝化，作用不大，如图 6-10 所示：

图 6-10 随机指数（KD）图

计算方法：

通常以 9 天为一周期，先计算 RSV。

$$RSV = \frac{当日收盘价 - 最近 9 日内最低价}{最近 9 日内最高价 - 最近 9 日内最低价} \times 100$$

$$K = 2/3 \times 前一日 K 值 + 1/3 \times 当日 RSV$$

$$D = 2/3 \times 前一日 D 值 + 1/3 \times 当日 K 值$$

应用方法：

①K 值在 20 以下是超卖区，可逢低买入；K 值在 80 以上是超买区，可逢高派发。

②黄金交叉与死亡交叉：K 线和 D 线发生黄金交叉是买入时机，发生死亡交叉是卖出时机。

③顶底背离：当金价创出新高，K 线和 D 线却不配合出现新高甚至走低，是卖出信号；金价不断走低，K 线和 D 线却不配合出现新低甚至走高，是买入信号。

3. 强弱指标（RSI）

强弱指标是通过比较一定时期内金价的平均收盘涨数和平均收盘跌数的变化来分析买卖双方的强弱程度，也是常用的技术分析工具之一，如图 6 - 11 所示。

计算方法：

$$RSI = \frac{14 日内平均收盘涨数}{14 日内平均收盘涨数 + 14 日内平均收盘跌数} \times 100\%$$

应用方法：

①RSI 在 30 以下为超卖区域，可逢低买入；RSI 在 70 以上为超买区域，可逢高卖出。

②在多头市场中，RSI 通常在 50 以下；在空头市场中，RSI 通常在 50 以上。

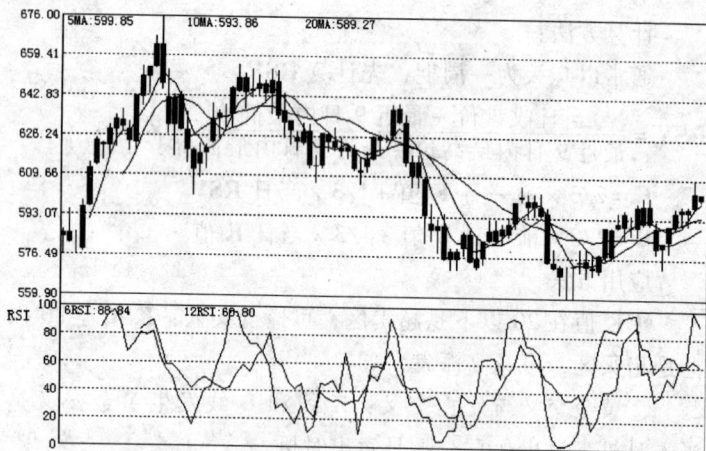

图 6 - 11　强弱指标（RSI）图

③顶底背离：当金价创出新高，**RSI** 线却不配合出现新高甚至走低，是卖出信号；金价不断走低，**RSI** 线却不配合出现新低甚至走高，是买入信号。

4. 乖离率（BIAS）

乖离率是根据移动平均线而来，当金价距离平均线太远时，便会向平均线靠拢。为把这一点量化，也就是说，测量金价离平均线有多远时会向其靠拢，采用乖离率这个指标，如图 6 - 12 所示：

计算方法：$BIAS = (C_T - MA_N)/MA_N$

C_T：当日收盘价，MA_N：N 日移动平均线。

当金价在平均线之上时，乖离率为正；金价在平均线之下时，乖离率为负，金价和平均线相交时，乖离率为零。

正的乖离率越大，表示短期内多头的获利越大，发生获

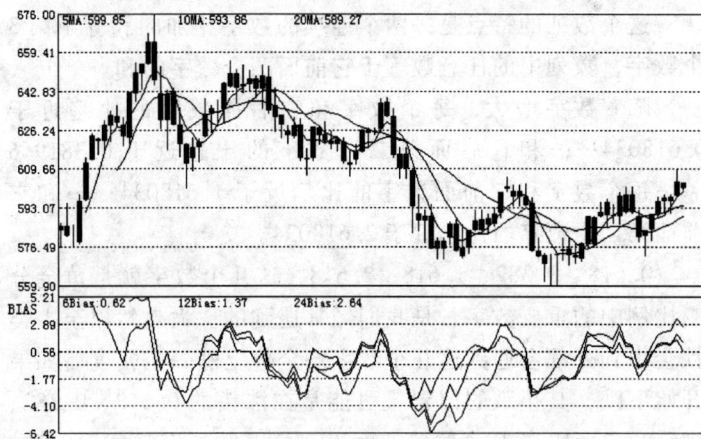

图 6-12 乖离率图

利回吐的可能越大；负的乖离率越大，则空头平仓的可能性也越高。

通常以 10 日平均线乖离率达到 8 以上为超买现象，是卖出时机；-8 以下为超卖现象，为买入时机。

(四) 黄金分割

黄金分割理论在我们的日常生活中处处可见，因为生物、人体、音乐、艺术、建筑等各处都须符合黄金分割才能和谐，例如，植物叶片生长的顺序、人体各部分之间的比例，等等。

黄金分割源于一个名为"裴波纳契数"的数列：

1，1，2，3，5，8，13，21，34，55，89，144，377，610，987，1597，2584，4181……

这个数列的特点是每两个连续的数字相加的和等于第3个数字，数列中的任意数等于它前面两个数字的和。

随着数字增大，每个数字和它后面数字的比趋近于 0.618034……和它后面第二个数字的比趋近于 0.381966……每个数字和它前面数字的比趋近于 1.618034……和它前面第二个数字的比趋近于 2.618034。

0.618、0.382、1.618、2.618，这几个数字就是黄金分割比例中的重要数字，是我们经常遇到的。大自然以至人类社会中到处都会遇到这几个数字。金价上涨一定幅度后如果开始下跌，其止跌的位置最可能是在涨幅的 0.618、0.382、1.618、2.618 这几个位置；而当金价下跌一定幅度后上涨，其停止上涨的位置同样最可能是在跌幅的 0.618、0.382、1.618、2.618 这几个位置上。

（五）波浪理论

由美国股票分析师艾略特发明的波浪学说认为，股票运动规律如同大自然的潮汐一样，后浪推前浪，循环往复。投资者可以掌握波浪运动的规律，运用于黄金市场。

他认为，股市的波浪运动有周期性，一个完整的有升有降的波浪周期由 8 个小浪组成，即上升 5 小浪和下降 3 小浪，如图 6-13 所示：

从图 6-13 中我们看到，从 1 小浪至 5 小浪，波浪处在上升中，直到冲至最高峰，然后经 6~8（a、b、c）小浪下降，波浪退潮。

代表波浪总趋势的浪称为推进浪，与之方向相反的则是调整浪。

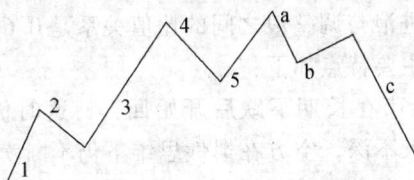

图 6 - 13　波浪理论图

如果将 1 ~ 5 浪看作一个上升的推进浪，则 **a** 至 **c** 浪的 3 浪可以看成是它的下降调整浪。在 5 个上升浪中，1、3、5 三个浪是推进浪，2、4 两个浪是调整浪。在 3 个下降浪中，**a** 和 **c** 是推进浪，而 **b** 浪是调整浪。

浪有升降，循环往复。波浪可以合并为高一级的浪，也可以细分为低一级的小浪。其形态总体不会改变，时间长短也不影响浪的形态，但浪的长度和高度可以变化。

艾略特的数浪规则中最重要的是以下两条：

（1）第 3 浪绝不是推进浪中最短的一浪，通常应该是最长的浪，具有较强的推动性。

（2）第 4 浪的浪底不能低于第 1 浪的浪尖。

比较重要的是：

（1）3 个推进浪中可能有一个浪延伸（波的运动放大或拉长），这时其余两个浪的运行时间和幅度会趋于相同或符合黄金比例。

（2）第 2 浪下跌不能超过第 1 浪的起点，否则就要按照其他方法来数浪了。

（3）推进浪可以分割成 5 个小浪，而调整浪通常以 3 个小浪的形态运行。

（4）推进浪与调整浪之间的比值关系是0.618。

各浪的主要特点如下：

1浪：金市在长期下跌后开始回升，这时仍处于底部。买方主力介入不深，空方在惯性思维下仍不断卖出，因而容易出现较深的调整浪。

2浪：回档可能较深，反映出人气尚未聚集，观望心理比较重。其浪底可能是第1浪的0.382或者0.618。

3浪：通常是最长浪，波幅大，时间长，买入的人增加，成交量放大。第3浪浪幅一般能达到第1浪的1.618或2.618倍。

4浪：此时波浪在3浪的推动下已趋近顶峰，但在获利者的打压下，进入了调整时期。跌幅常为第3浪的0.382，但不会低于第1浪的浪尖。

5浪：浪幅上升的力量小于3浪，虽然在价格上可能在创新高，而能量则显不足（成交量上不去）。虽然市场上仍是一派乐观情绪，但头脑清醒者已经开始在为日后的下跌做准备了。

a浪：此浪是空头市场中的第一浪，下跌的力度有可能不太大，并在不太长的时间后重又回升，让人以为这不过是上升过程中的回档而已。投资者往往盲目乐观。实际上这是多头陷阱，极易诱人上当。

b浪：下跌后迅速拉起，这是做多者最后的逃命机会。

c浪：金市大幅下跌，时间可能很长。直到C浪结束，又是一个新浪的开始。

市场的发展总不会完全和理论一致，但是理论可以为我们提供一个思路。当前黄金市场已经进入了上升浪，究竟如何发展，也许波浪理论会给我们一些启示。

（六）怎样判断金价的支撑位和压力位

我们经常在一些评论文章中看到，如果金价上涨，上方阻力位在××美元；如果下跌，在××美元处有较强支撑这样的说法。那么，这些支撑位和阻力位都是怎样得出的呢？而且我们知道，在如今的市场中，许多操盘手是用计算机来辅助操作的，当市场价位达到他们预先确定好的止损位时，会自动进行操作。也就是说，一旦金价达到某个价位时，市场上就会涌现出大量的止损买盘或卖盘，而出现大幅上涨或者下跌的情况。因此，预先了解这些价位，对实际操作有很重要的意义。

常见的支撑位和阻力位有以下几种：

（1）均线。一些重要的移动平均线如20天、50天、半年（100天）线、年（200天）线等，对金价往往有较大的支撑和阻力作用。这一方面是这些均线代表了一定数量的投资者手中持仓成本，也因为它对技术派操作者有较大的影响。

（2）上升和下降趋势线。在上升和下降通道中的上轨和下轨经常对金价有较强的支撑和阻力作用。

（3）金价盘整时的波动区间上下限。在金价做箱体波动时的上下轨也有很强的支撑和阻力作用，特别是在某个价位出现次数较多时是如此。

（4）重要的整数关口。这种点位在心理上会造成很大影响。例如每盎司400美元就存在着很大阻力，在2003年下半年，黄金市场多次冲击该点位都没有成功，每当金价接近400

美元/盎司时就会在市场上出现大量抛盘，结果用了一个多月的时间才得以突破。而一旦金价站上该点位，又会有较大的支撑作用。

（5）近期的最高和最低点位。例如，假设在最近一周内的金价最低点是 580 美元/盎司，则当金价下跌到该价位附近时通常会有一定的支撑。

量价关系

黄金市场中的成交量特别是期货市场的成交量对金价也有很大影响。因为期货市场虽然大都只是纸上交易，并不实行交割，但是它的成交量比现货市场大得多，所以人们也非常关注期货市场，特别是美国纽约商品交易所的主要交易品种也就是时间最近的一个期货品种的价格。

大多数情况下，成交量和金价成正比，金价上涨往往伴随着成交量放大。但是如果成交量过大，比平常超出很多，则有下跌的危险。"高位放量"往往是下跌的前兆。

黄金交易商颇为关注的另一个指标是纽约商品交易所中的黄金期货持仓量，它对金价的上涨或下跌有着重要的意义，如图 6 - 14 所示：

美国商品期货贸易委员会（**CFTC**）每个星期五在纽约黄金市场闭市之后，公布自上一周星期二到本周星期二纽约商品交易所的多空双方持仓变化。而特别是基金等非商业性投机商（指期货到期时不做交割，只在市场中凭多空差价得到收益的这部分投资者）净持有的期货仓位，对金价变化影响很大。因为市场上的金价上涨在很大程度上是靠这批投机商的拉抬形成的，而金价下跌也往往是因为他们刻意打压所致。所以当他们持有的多头仓位数量很大，达到历史上

132

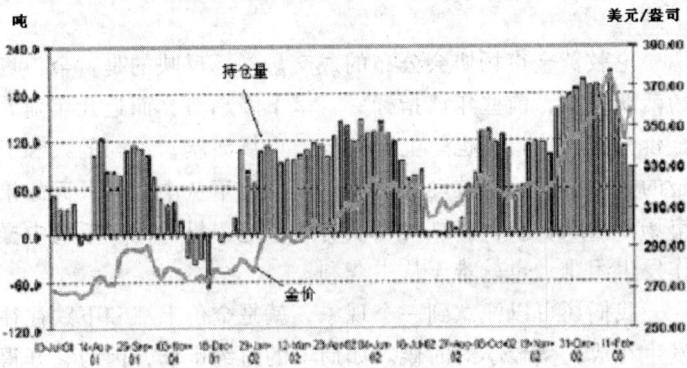

图 6－14　纽约商品交易所大投机商持仓数量和金价走势关系图

的高位时，说明他们的资金都已投入了。而如果没有新的资金进场买进，金价就无法继续上涨，也就很容易下跌了。反过来，当他们持有的空头数量很大时，资金都已经在做空的过程中消耗掉，如果没有新的资金入场做空，金价就很难继续下跌，上涨的可能性就加大了。

从期货到期时实行转期的期货合同数量也可以反映出投机商对后市的看法，如当 2 月期金到期时，大部分投机商就会把手中持有的仓位转到 4 月份继续做，称之为转期。而有的人就会把手中持有的仓位平掉，也就是停止做该方向上的期货。这时多空双方的力量往往会产生比较明显的变化。如果多仓减少，说明大部分人看空；反之，如果多仓增加，说明看多的人占优势。

纽约商品交易所库存黄金数量反映的是黄金成交后库存的余量，如果库存减少，显示购买实金的人多，金价就容易上涨；库存充足，显示购买实金的人不多，则金价容易下跌。

伦敦黄金市场协会公布的成交量指标反映的是黄金市场的活跃程度，前些年该指标一直呈下降趋势，而近几年随着金价上涨，该指标也呈上升趋势。市场活跃，参与的人和资金的数量多，价格波动大，投机商就易于从中获利；而如果市场不活跃，金价涨跌时也没有人跟进，投机商在市场中操作发生困难，也就难于从中获利。

我们还可以注意到一个现象，就是金价上涨和下跌往往发生在成交量较小的时候。如周末的纽约市场，因为它开得最晚，这时许多其他国家的人已经休息了，投机商就趁机在市场上兴风作浪。在有的国家放假，有的国家不放假，形成部分投资者缺席时也常常有这种情况出现。

（七）期货与期权

期货价格与期权价格之间通常存在一定的关系，即：

期货价格 = 现货价格 × 远期利率 = 现货价格 ×（银行利率 - 贷金利率）

当两个利率大体不变时，两个价格之间也就存在一定的比例。所以当期货价格波动时，就会带动现货价格随之波动，否则投机商就会在两个市场中进行套利，如抛出现货买入期货，或者抛出期货买入现货从中获利，使两个市场的价格关系趋于合理。

投机商在市场中往往兴风作浪，推波助澜，其常用手法就是推动纽约商品交易所的黄金期货市场价格带动现货市场的价格。因为期货的成交量大，而交割之前的时间长，运作起来方便。

　　期货到期常常也会对金价发生较大的影响，因为美国纽约商品交易所的标准黄金期货是在双月，而绝大部分的成交量都集中在到期时间最近的一个品种之中。当该品种期货到期时，原来持有该期货的人，绝大部分都会在这时选择或者平仓或者转仓，即在下一个品种之中建立同样方向和数量的仓位。如原来持有 6 月黄金期货多单的人就会把该合同兑现，同时买入 8 月黄金期货的多单。如果市场看好，则原来做多的人大都会选择转期；而原来做空的人大都会选择平仓，所以使市场价格上涨。如果市场看空则相反。

　　期权到期对金价也会有一定的影响。因为在期权出售时双方都是当初根据当时的市场价格和对市场波动方向的预期而签订合约的。在期权售出后经过一段时间后就要到期，最常见的是 3 个月。这段时间内金价往往会发生一定的波动，而在期权到期时如果金价波动较大，使当前的市场价和当初双方约定的执行价有较大差距，有一方就会遭受较大损失。为了减少损失，他们宁愿用一定资金拉动期货金价朝有利他们的方向移动，也不愿在到期时因为执行期权价格遭受更大的损失。而可能获利的一方也同样会尽可能推动金价向对其有利的方向移动，所以金价就会受其影响上下波动。

　　而由于期权的特点是如果金价波动过大，不利的一方就会遭受极大损失，理论上可以是无限大的。为了避免这种情况发生，他们又会买入期货来保护自己。如出售看涨期权的一方，原来是看跌的，但是在金价上涨接近期权的执行价时，他们就会买入黄金期货，以便在万一金价突破了执行价，购买看涨期权的一方要求履行合同也就是按原来的执行价买入黄金时，手中有足够的黄金交货，结果就加入了买方

135

的阵营，使金价加速上涨。在双方力量差距较大时往往会发生这种情况。

所以在期权到期的前一两周内我们往往看到金价产生较大的波动，结果是力量较大的一方获胜。

（八）期货溢价和贷金利率

期货溢价（contango）是指远期的黄金价格高于当前的黄金价格，所以称之为期货溢价。反之，如果当前的黄金价格高于远期的黄金价格，则称之为现货溢价（backwardation）。

我们对比美国纽约商品交易所和日本东京商品交易所的期货价格，会发现一个奇怪的现象：在纽约商品交易所里是越近期的黄金期货价格越便宜，但是交易却最活跃；而在东京商品交易所里却相反，越远期的黄金期货价格越便宜，交易也最活跃。原因就是美国的利率高，而日本却是零利率。美国人把黄金卖掉，换成货币存到银行里，过一段时间再买回黄金，可以从中获利，这样就存在期货溢价。而在日本人们却不可能这样做，只能把黄金拿在手里，这样就需要付保管费，所以就存现货溢价。

因此，如果期货溢价高，做空的人多，金价容易下跌；而当期货溢价低甚至是现货溢价，则做空的人就少，金价容易上涨。

贷金利率是市场上把黄金贷给需要的人时，他们所需要付出的利息。

如果市场上黄金供应充足，贷金利率就低；反之，如果需要的人多，供应赶不上需求增加得快，贷金利率就高。在市场上出借黄金的主要是一些国家的央行和商业银行，贷金的则是产金商和投机商，他们用来在市场上做空。

通常贷金利率对金价的影响并不大，因为这个市场总的来说贷金供应比较充分，能够满足需求，所以贷金利率大都保持在较低的水平上。但是也有的时候发生贷金利率上涨带动金价上涨的情况，具体原因就需要具体分析了。

（九）金价和黄金股票

国外普通投资者投资黄金时往往并非直接买入黄金或者金币，而是买入生产黄金的公司的股票，这样做更方便，获利机会也更大。这是因为这些公司的主要收益来自于出售所生产的黄金，公司的利润多少自然与金价密切相关，当公司的成本基本保持不变时，如果原来的利润率是10％，当金价上涨了10％以后，所得利润就接近翻番了。因而公司股票的价格不仅和金价密切相连，而且股价波动的幅度往往比金价波动的幅度要大得多。

美国费城股票交易市场是全世界贵金属开采业公司上市最集中的地方，该市场的黄金和白银股票指数 XAU 就成为黄金市场的一个晴雨表。通常该指数对黄金市场有领先作用，即在金价未涨之前领先上涨，金价未跌之前领先下跌。

除了金银股票指数 XAU 之外，人们还使用一个指数 AU/XAU，也就是金价和金银股票指数的比值。因为这两个数之间有一定的相关性，所以如果比值过大或者过小都往往意味着市场可能会发生变化。因为如果股指 XAU 先上涨而金价不涨，则其比值就会变小；而如果股指提前下跌而金价不跌，则其比值就会变大，从而提醒人们金价可能要变盘了。

第 7 章

金价走势

一、金价走势回顾

黄金一向被人们视为保值的工具，认为它的价值最为牢固可靠，无论在什么情况下都可以保持不变。那么是否果真如此呢？

如果黄金仅仅作为一种商品，让人们自由买卖，那么从长期来看，其价格就会和粮食、能源等基本生活用品保持较稳定的关系。但是黄金更多的是起到一种货币的作用，所以当其价格和政府发行的货币之间发生关系的时候就不是这样了。而我们这里讨论的是美元金价，所以自然和美国政府的黄金政策密切相关了。

从图 7 - 1 中我们可以看到，在 1900 ~ 1968 年间，除了1933 年调整过一次之外，金价一直保持稳定，原因就是美国政府将美元和黄金挂钩，任何人用一定数量的美元都可以从政府那里换取 1 盎司黄金。所以那时并不存在金价的走

139

势，存在的是政府规定的美元和黄金的兑换率。直到 1973 年布雷森林顿体系解体后，出现了自由买卖的国际黄金市场，才有真正的金价走势。

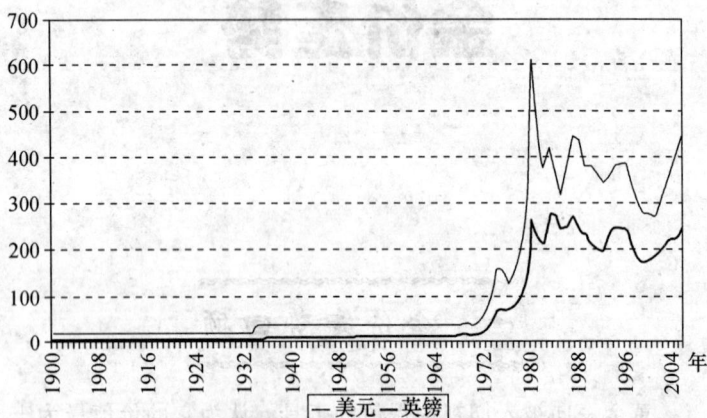

图 7 - 1　1900 ~ 2005 年的美元和英镑金价走势图（伦敦下午定盘价）

金价放开后市场要做的第一件事就是价值回归，也就是恢复其原来应有的价格。在短短的不到 10 年间，金价上涨了 20 多倍，最高冲到每盎司 800 多美元。而此后金价就走上了下跌的漫长之路，直到在 1999 年下跌到近 20 年来的最低价，接近 252 美元/盎司。我们从图 7 - 1 上就可以清楚地看出这一走势。

但是从那时以来，金价逐渐恢复了元气，从低谷之中走了出来，而在近几年里更是牛气十足，出现了多年未见的上涨势头。到 2006 年中，金价已经达到了每盎司 730 美元，5

年时间里，金价上涨了将近 3 倍。那么究竟发生了什么事情，使黄金市场如此火爆呢？让我们从头说起。

首先让我们回顾一下金价形成和发展的历史。

早在 2000 多年前，中国就开始使用金币。世界上许多国家也都发行过金币，黄金就是钱，就是货币。

那么，什么是钱或者说货币呢？字典上这样解释：钱——一种商品，例如金子或官方发行的铸币或纸币，把这种货币或纸币法定为其他一切商品，如货物和服务的等价交换物，用作市场交换价值的尺度。

由此我们可以看出，货币其实也是一种商品，不过是一种特殊的商品，是用作度量标准的商品。

那么同样作为货币的黄金和纸币有什么不同呢？最大的区别就是黄金的价值是内在的，由于黄金难于开采而易于保存，所以现在世界上地面保存的黄金都是过去劳动积累下来的，它本身就是财富的象征。

黄金与其他商品不同，它不会因为时间的流逝而贬值。而且由于世界上黄金的生产能力有限，其价格主要取决于存量，而和产量基本无关。不像农业收成每年不同，农业丰收了，却出现"谷贱伤农"的现象，也不像石油产品，石油输出组织需要通过限产来保证原油的价格。黄金每年的产量和黄金存量相比只占很小的比例，因而产量的大小对金价的影响也很小。

而纸币则不同，它本身并不具有任何价值，人们不会为了几张纸，就付出其劳动的成果。人们愿意使用纸币，只是因为纸币是国家法定推行的。最早的时候政府许诺，可以用一定数量的纸币换回一定数量的黄金，这就使纸币和一定的财富相联系，这就是所谓的金本位制。金本位制的特点是用黄金作为货币，与政府发行的纸币共同流通，允许黄金自由买卖、自由铸造、自由进出口，人们随时可以用纸币兑换黄金。

政府要保证其发行的货币正常流通，就必须保证其货币内所含的财富价值和其规定价值相当。而在过去的年代里，由于商品经济不发达，用黄金作为货币就可以满足人们交换的需求，而官方发行的货币也能够保持价值的稳定。例如，1717 年所确定的一盎司金币的标准售价为 3 英镑 17 先令10.5 便士，这个价格一直保持到 1919 年，前后长达200 年。

到了 19 世纪后半期，西方各国普遍采用金本位制，形成了一个统一的国际金本位制货币体系。市场上除了国家发行的金币之外，也有银行发行的纸币，但是纸币可以按照一定比例自由兑换成黄金。在这个体系中，各个国家根据所持有黄金储备的数量来发行货币，黄金则作为国际贸易结算的工具。因而黄金和货币的关系是固定的，纸币是作为国内市场上黄金流通的代用品，而黄金的货币作用主要体现在国际贸易关系上。

在这种制度下，黄金和货币保持一定的比例关系。纸币虽然本身并没有什么价值，但是它有一定的含金量，所以纸币也就具有了价值。

在第一次世界大战期间，由于战争需要，各国政府为满足不断增长的军费开支，大量增发纸币，使纸币和黄金之间的固定比例关系无法再维持下去。各参战国纷纷停止银行券的兑现，发行不可兑现的纸币，同时禁止黄金出口，国际金本位制就此崩溃。

1922 年以后，除了美国依旧保持金本位制外，英、法等国家则实行金块本位制或是和美元保持一定比例的金汇兑本位制。在金块本位制国家，只有少数的人换得起大块的金块。在金汇兑本位制国家中，国家把黄金和外汇存入实行金本位制的国家，人们虽然不能用手中的货币自由兑换成黄金，但是可以换成实行金本位制国家的货币，而这些国家的货币可以换成黄金。金块本位制和金汇兑本位制都是变形了的金本位制。在 1929 年经济大危机后，货币严重贬值，各国又纷纷放弃了金块本位制和金汇兑本位制，陆续对黄金实行了管制，禁止黄金的自由买卖和进出口。

二次大战后，在 1944 年的世界货币金融会议上，重建了以美元为中心的国际货币体系，称为"布雷顿森林国际货币体系"。规定美元直接与黄金挂钩，而其他货币则保持与美元基本稳定的汇率（上下浮动不得超过 1%）。按照 1 盎司黄金 35 美元的官价，各国可以用美元向美国兑换黄金。在美国国内则禁止私人买卖或持有黄金。

金汇兑本位制的实质就是赋予美元以世界货币的优越地位，在其他货币无力兑换黄金时，依然和黄金保持特殊的关系。

但是自 20 世纪 60 年代后期，美国受到越战的拖累，国际收支恶化，无力再维持黄金的官价，1968 年停止以每盎司 35 美元价格向市场供应黄金，1971 年停止对外国政府或中央银行兑换黄金。1973 年西方国家放弃对美元的固定汇率，实行浮动汇率，至此以美元为基础的布雷森林顿体系完全崩溃。1975 年美国政府允许私人买卖和储存黄金。

1976 年 1 月 8 日，国际货币基金组织"国际货币制度临时委员会"在牙买加首都金斯敦召开会议，达成《牙买加协议》，主要内容是：浮动汇率合法化，黄金非货币化，规定黄金不再作为货币定制标准，废除黄金官价，会员国可以在黄金市场按市场价格买卖黄金。黄金作为国际储备资产的地位将由特别提款权取代。从此开始了黄金非货币化的进程。

二、黄金与货币

那么我们究竟应当如何看待这一事件呢？

有人认为这是因为世界经济大大发展了，黄金供不应求，无法满足人类的需要，所以才使黄金退出了货币领域。

其实这里出问题的并非黄金，而是人类靠信用发行的纸币出了问题。作为天然货币的黄金，具有不容置疑的价值，而作为人工货币的纸币，靠的是政府的信誉和正确的调控。如果纸币能够确实具有足够的价值，例如，如果 35 美元能够始终保持等于 1 盎司黄金的价值，那么无论经济怎样发展，发行多少纸币也不成问题。问题在于美国滥发钞票，美元的实际价值大大下降了，自然这个兑换比例就维持不下去了。

所以商品化的并非只有黄金，而是所有的货币都商品化了，人工的货币也就是纸币也商品化了，在国际市场上任何国家不再能够依靠强制手段规定货币的价值了。各种货币都要到市场上来经受考验，体现出其真正价值。而在开放的市场上，真正最有价值的就是黄金。

事实证明了这一点。金价放开后，1972 年金价便由每盎司 35 美元上升到了 40.81 美元，此后一路上涨，到 1980 年最高达到了每盎司 800 美元。这就是金价放开后的第一次美元大危机。

美元危机的原因是 20 世纪 60 年代，美国经济在越战中受到了很大的损伤，1973 年又遇到全球的能源危机爆发。以后在苏联出兵阿富汗的消息刺激下，金价创下每盎司 800 美元的天价。但是此后金价就走上了漫漫下跌的不归路。许多人认为，金价下跌的最主要原因是在和平发展的年代里，随着科学技术的发展，特别是电子技术的发展，使黄金作为货币的保值作用失去了光彩。黄金逐渐地非货币化，而沦为普通商品。许多国家和个人不愿再持有黄金，而愿意把它换成能够产生利息的其他硬通货，例如，持有美元，就可以把它买成美国的国库券，并从中获得一定的收益。而持有黄金不但没有收益，还要为它付出保管费。

其实这并非事情的本质，金价下跌的最主要原因是作为世界货币的美元升值了。因为黄金本身所含有的财富数量并不因为是否进入流通领域而减少，而基本保持恒定。那么美元金价下跌自然是因为美元所包含的财富数量增加了。

由于美国借助高科技振兴经济的计划获得了很大的成功，美元也借此走出了困境，对日元汇率从最低时的 1 美元不到 80 日元上升到了 120 日元。而且由于电子信息技术的发展，黄金的货币作用日益衰退，美元金价不断下跌。

那么美元为什么升值呢？从表面上看，这是因为美国的经济搞得好，生产发展快，所以国内生产总值（**GDP**）增加得快。其实不仅如此,一种货币代表的是这个国家的财富总量,但是这个财富不仅有真实的财富,而且有虚假的财富,也就是我们通常所说的"泡沫"。

因为在 GDP 增长的过程中,如果是因为生产发展了,如过去中国一年才生产 500 万吨钢,现在生产两亿吨钢,自然价值高多了,这是实际的财富增加了。但是有些东西并非如此,简单的东西如过去坐公共汽车最低票价 5 分,现在 1元,坐同样的距离花的钱却不一样,这样表面上价值高了,实际财富并未增加。

而更主要的是大量"泡沫"是在股票、房地产等领域,一个公司生产的价值可能增加并不多,而其股票的价值却成倍往上涨;在一个地区房价、地价上涨时,也是数倍地往上翻,如东京的地价最贵时超过美国整个国土的地价。而经济领域的"泡沫"则带动了货币,使其价值也迅速增长。

自 20 世纪 80 年代以后,美元借助其历史遗留的世界货币地位,在经济发展的背景下不断升值,由于美国实行高利率政策,股市又不断上涨,海外的资金纷纷流入美国,使美元成为了紧俏商品,因此美元金价就步步下跌了。

在这种情况下,人们愿意在手中持有美元,因为美元不但坚挺而且还有利息,美元可以在全世界通行,实际上替代了黄金的储备手段和世界货币的作用。

所以金价下跌并非是因为黄金沦为普通商品,不再是财富的象征了,而首先是美元升值的结果。

事实证明,黄金远远没有退出货币领域,它依然是财富的象征,而并非人工货币可以替代的。"欧元之父"蒙代尔就认为,在过去 5 年来,各国中央银行大量抛售黄金的行动是一个极大的错误。

要看黄金是否保持货币功能可以从货币的五大职能来分析，也就是价值尺度、流通手段、支付手段、储藏手段以及世界货币等五项职能。

价值尺度：既然黄金和各种货币都进入市场，那么谁是最终的尺度呢？显然只有黄金。因为其他货币的价值都在不断变化，只有黄金的价值才是最稳定的。所以我们不仅可以说，现在 1 盎司黄金价值 400 美元，而且可以说现在 400 美元才值 1 盎司黄金。

流通和支付手段：虽然在大多数国家里已经不再使用金币，但是并未停止发行，这些金币仍然具有很高的价值。而随着电子黄金的问世，实际上黄金已经回到了流通领域，只不过并非实物而是代表实物的电子货币在市场上流通罢了。在这种电子货币的网站上，人们用各种货币存入网站，并由网站的组织者买成贵金属实物存入银行，然后人们就可以根据自己所拥有的贵金属额度在网站上根据各种商品的贵金属报价进行买卖。虽然目前规模不大，但仅其中 **E – gold** 一个网站的入网人数已经达到 100 万人，年交易额数亿美元。

储藏手段：在过去 50 年里，世界上各国央行的黄金储备数量始终没有发生大的变化。从表 7 – 1 中我们可以看到，虽然黄金在各国之间流动，但总量始终保持在 3 万吨左右。这说明大家仍然认为黄金是真正的财富，存有黄金是富有的表现。

私人手中保存的黄金更是不断增加，很多人购买黄金首饰也并非只为了装饰，很大程度上也是为了保值，这是显而易见的。

表 7 - 1　世界各国黄金储备变动表

	1950年	1955年	1960年	1965年	1970年	1975年	1980年	1985年	1990年	1995年	2000年	2003年	2005年
全世界	31096.1	33172.9	35893.1	38346.7	36606.7	36674.3	35836.3	35687.0	35582.1	34574.4	33029.0	31810.9	30826.7
所有国家	29721.0	31242.0	33695.4	37124.5	32961.3	31720.9	29721.0	29595.3	29213.4	28217.2	29611.8	28400.1	27423.6
所有机构	1374.8	1714.2	2147.9	1165.0	3605.3	4953.4	6114.9	6119.6	6369.1	6356.6	3416.0	3410.7	3403.1
国际货币基金组织	1327.7	1606.7	2164.8	1660.9	3855.9	4772.1	3217.0	3217.0	3217.0	3217.0	3217.0	3217.3	3217.3
国际清算银行	47.1	107.5	-16.9	-495.9	-250.6	181.3	234.6	207.9	242.6	226.6	199.1	193.4	185.8
美国	20279.3	19331.0	15821.9	12499.1	9839.2	8544.4	8221.2	8169.3	8146.2	8139.7	8136.9	8134.9	8135.1
加拿大	515.4	1007.7	786.7	1022.7	702.7	682.8	652.6	625.4	459.2	106.2	36.8	3.4	3.4
澳大利亚	79.3	124.4	131.3	219.9	212.4	229.5	246.7	246.7	246.7	245.7	79.7	79.7	79.8
日本	6.3	20.0	219.6	291.7	473.2	656.6	753.6	753.6	753.6	753.5	763.5	765.2	765.2
欧洲央行	na	na	na	na	na	na	na	na	na	na	747.2	766.9	766.9
奥地利	6.3	62.7	260.5	622.3	634.2	649.4	656.6	657.4	634.3	373.1	377.5	317.5	302.5
比利时	521.9	824.5	1040.1	1384.7	1306.6	1311.6	1063.1	1063.1	940.3	638.9	258.2	257.9	227.7
法国	588.2	837.0	1458.4	4182.1	3138.6	3139.2	2545.8	2545.8	2545.8	2545.8	3024.8	3024.7	2825.8

续表

	1950年	1955年	1960年	1965年	1970年	1975年	1980年	1985年	1990年	1995年	2000年	2003年	2005年
德国	0.0	816.8	2640.4	3918.9	3536.6	3658.1	2960.5	2960.5	2960.5	2960.4	3468.6	3439.5	3427.8
意大利	227.5	312.8	1958.0	2136.0	2565.3	2565.5	2073.7	2073.7	2073.7	2073.7	2451.8	2451.8	2451.8
荷兰	280.1	772.4	1289.7	1560.9	1588.2	1689.8	1366.7	1366.7	1366.7	1081.5	911.8	777.5	694.9
葡萄牙	170.8	380.4	488.6	512.0	801.5	862.2	689.6	629.2	492.4	499.8	606.8	517.2	417.5
西班牙	98.6	117.3	158.2	719.9	442.6	443.7	454.3	455.8	485.6	486.2	523.4	523.4	457.7
瑞士	1306.3	1419.2	1941.8	2703.2	2427.0	2587.8	2590.3	2590.3	2590.3	2590.3	2419.5	1633.3	1290.1
英国	2543.1	1787.9	2489.1	2012.4	1198.1	654.0	585.9	591.9	589.1	573.3	487.5	313.2	310.8
南非	174.8	188.5	158.3	377.6	591.9	552.1	377.9	150.5	127.0	132.2	183.5	173.6	173.6
中国大陆	……	……	……	……	……	……	398.1	395.0	395.0	395.0	395.0	600.0	600.0
印度	219.8	219.8	219.8	249.6	216.3	216.3	267.3	292.3	332.6	397.5	357.9	357.8	357.7
埃及	87.1	154.6	154.6	123.8	75.7	75.6	75.6	75.6	75.6	75.6	75.6	75.6	75.6
黎巴嫩	17.8	65.5	105.9	161.9	255.5	286.6	286.8	286.8	286.8	286.8	286.8	286.8	286.8
阿根廷	186.7	330.1	58.5	58.5	124.2	124.3	136.0	136.0	131.7	136.0	0.6	0.3	54.7
巴西	282.6	287.1	255.0	56.0	40.2	41.3	58.3	96.4	142.1	142.3	58.9	13.9	13.7
委内瑞拉	331.6	358.9	356.4	356.4	341.2	347.7	356.4	356.4	356.4	356.4	318.5	356.8	357.1

世界货币：目前黄金仍然被世界各国承认是最后的支付手段，而在世界形势错综复杂的情况下，也只有黄金是被所有国家和集团承认的可以接受的手段，这也是其他任何货币所不能替代的。

既然黄金依然起到货币的作用，金价不断下跌显然是因为美元升值的结果。但是美国经济能够一直如此发展下去吗？美元是否能一直保持世界货币的地位呢？显然不能，世界各国的发展是不平衡的，此起彼伏是不可避免的。这两年来，金价重新上涨就是和美元贬值分不开的。不过在说到这一点之前，我们先来看看金价下跌的另外一个重要原因，虽然它也是和美元的强势密切相关的，这就是因为高利率年代为投机者提供了炒金的好机会。

三、金价与对冲

在很长时间里美国银行的年利率为 5.75%，黄金生产商和投机商可以通过借入利率低的黄金，在市场上卖掉，把所得的资金存入银行；在到期后再到市场上用资金买回黄金，借以从两者的利差中间获得收益。而在黄金价格下跌趋势形成的情况下，黄金生产商为了使自己生产出来的产品得到一个有保障的价格，也愿意用自己未来生产出来的黄金作抵押借入黄金提前销售，出借黄金的则主要是各国的央行。这样做的结果是央行原来没有效益的黄金储备可以增加一部分收益，商业银行可以获取两种利率的利差，而生产商和投机商在套期保值和做空套利中受益。唯一的恶果是市场上的黄金供应增加了，出现供大于求的局面，反过来又促使金价进一步下跌。其结果是造成了一个恶性循环，金价越跌，生产商就越多的做对冲；而对冲越多，金价就越跌。在 1999 年金价跌到底部之前，有的生产商已经把自己几年甚至十几年后才能生产出来的黄金都拿到市场上提前销售出去了。

这种金价不断下跌的恶性循环局面早已有人看到，认为应当解决，但是却解决不了。而对矿山来说，做对冲使他们能够保持盈利，可以为开发融资，自然乐于做对冲。可是从长远来说，金价下跌对矿山是不利的。

为了制止这种下跌的趋势，走出恶性循环的怪圈，1999 年 9 月，欧洲 15 个国家的中央银行在华盛顿举行会议商讨解决的办法，其结果就是签署了著名的华盛顿协议。

1999 年 5 月，当时连续发生了瑞士打算售金，经过全民投票表决同意出售一半黄金储备——1300 吨黄金；国际货币基金组织打算售金，以帮助最穷的国家偿还债务；而英国已经开始公开拍卖黄金储备——计划把黄金储备从 700 吨减少到 315 吨，每次拍卖 25 吨黄金等事件。在这种气氛下使金价步步下跌，最低下跌到 252 美元，已经接近有的南非金矿的生产成本。如果金价继续下跌就可能导致这些矿井关闭，引发一系列问题。为此南非工人到英国示威，反对银行出售黄金。而在另一方面，银行售金对其持有的黄金储备也构成了威胁，因为这会使黄金储备的价值下跌。由此产生了华盛顿协议，也就是欧洲央行 15 个国家签署了关于限制售金和贷金的协议。随后金价最高冲到了 340 美元/盎司，但是并未能持续，下跌仍在继续，金价再次向着 250 美元/盎司跌去。

2001 年的 4 月初，金价再次下跌到了 255.95 美元/盎司。这次并没有采取任何行动和措施，但是金价却回升了。为什么？因为金价已经真正到达底部了。

第二次触底显示金价确实无法继续下跌，原因在于这次是美国的经济状况发生了变化，美国的利率下调。由于美国的利率在一年时间里下调了 10 次，一个月黄金期货的溢价从一年前的 6% 下跌到了不到 2%，这就使惯于做空的投机者无利可图。过去黄金生产商在市场上套期保值，为的是避免金价下跌带来的不利影响，进而可以在做空的时候增加盈利。但是现在银行利率已经和贷金利率相近，所以他们做空很难获利了。美国的利率下跌到几十年来没有过的低点，这使职业炒家以及矿产商们不得不纷纷改变了做空的做法。而金价上涨对黄金生产者是有好处的，所以在一段时间内产金商纷纷减少对冲，从黄金的出售者变成了黄金的买入者，这就带动了金价上涨。

目前美国利率又上升到了高位，可能有部分投资者又开始做空，这可能是有时金价出现下跌的一个原因。但是时过境迁，他们不会再像过去那样大规模做空了，因为美元已经不再有过去那样的强势了。

四、金价上涨的根本原因在于美元被高估

由于第二次世界大战后美国借助其政治经济优势确立了

美元在世界上作为国际货币的地位，美元一直是全世界货币体系中的老大。美国人从中得到的好处是显而易见的。多年来，美国政府一直鼓励自己的人民多消费，哪怕是借钱消费，因为这样可以刺激生产发展。而美国政府借助自己的政治和经济力量发行美元保持平衡。实际上发生的事情就是各个国家努力发展生产，把大量产品送到美国，借以换回美元。而美国人则大量发行货币（包括纸币、债券等），换回各种产品供自己消费。

现在美国的经济日益走下坡路，一年的贸易逆差高达7000 多亿美元，这样大的逆差就靠多发钞票来维持。但是这样做蕴涵着极大的危险，就像黄河因为多年泥沙沉积，在有的地方已经高出城市地面十几米，仅仅依靠堤坝来维持。由于水土保持做得不好，结果是泥沙继续沉积，河床越抬越高，但是河水不可能无限制的升高，总有一天要另找出路。美元也是一样，如果有一天人们发现上当受骗，不愿再持有美元时，美元可能一落千丈。虽然这种事情不可能很快发生，因为美元贬值会影响到整个世界货币体系的稳定，但是这种结果的出现只是早晚的问题，

上一次美元危机是在 20 世纪 70 年代以后，美国政府靠两个办法摆脱了美元危机：一是出售了大量黄金，换回多余的美元，在短短的几年间，美国的黄金储备从 2 万多吨下降到 8000 吨；二是美元贬值，使其他国家拥有的美元大大缩水，把损失转嫁到其他国家身上。这两个办法也确实起到了作用，在 20 世纪80～90 年代，美国股市在不到 20 年里从1000 点上涨到 10000 点以上，海外资金大量涌入美国，使美国经济得以高速发展，因而美元从贬值变成升值。但是这

种好日子是一去不复返了。历史上美国股市牛熊交替，每个时期长达 15～20 年。在 20 世纪 80～90 年代美国股市上涨了 20 年后，跟随而来的将是熊市或者盘整市，好一些的话可以在区间内做上下波动，不好的话则会出现大幅跳水。虽然目前美国经济在缓慢复苏，美国股市达到了 12000 点，但是要保持过去那种 10 年里股指增长 10 倍的速度是绝对不可能的，哪怕到 20000 点也是很困难的了。在过去美国经济高速发展靠的就是大量海外投资涌入美国，抵消了通货膨胀和贸易逆差带来的负面影响。而在股市滞涨的情况下，投资减少，贸易逆差却不断增大，这就给美元埋伏下了巨大的危机。

在最近这一次美元贬值中，以前两个办法都不再适用了。首先是美国已经没有多少黄金储备了，按照当前的牌价，8 千吨的黄金储备价值 1000 多亿美元，在目前世界上每天外汇交易超过万亿美元的规模下，一旦发生抛售美元，这点钱只能是杯水车薪。其次是美元贬值也不能像以前那样起作用了，这是因为目前欧洲和美国的贸易在其贸易总额中只占 10％，欧洲人持有的美元有限，再贬值对其打击也不大。至于其他国家如加拿大、澳大利亚、瑞士等国家的货币在世界上的影响并不大。持有美元最多的日本尽量使自己的货币少升值，而中国（包括港澳台地区）虽然会因美元下跌受到很大损失，但是从长期看将会为人民币走向世界创造条件。从长远看，美元永远不可能恢复它以前在世界上的霸主地位了。

据统计，在 20 世纪 90 年代末，美元在各国官方外汇储备总额中所占份额为 59％，美元占国际金融交易的 83％，国际商品贸易的 50％以上是通过美元进行计价结算和支付的。

　　而随着美元的逐渐贬值，人们抛出手中的美元改持其他货币或者黄金，一些国家将减少用美元进行结算，改用其他手段，美元将逐渐成为一种普通的世界货币，而和其他货币平起平坐了。

　　另外，中国的贸易顺差年年增加，加上中国已经成为世界上吸引外资投资最多的国家。中国不可能持有过多的美元而不采取措施，其中可能的措施之一就是增加黄金储备。在 2003 年中国已经将黄金储备从过去的 300 多吨增加到了 600 吨。而如果要把黄金储备占外汇储备的比例从目前的 1.2% 提高到 5%，就要增加 2000 多吨黄金，可想而知，对国际黄金市场将有多大的影响！

　　印度在开放黄金市场后成为世界第一大黄金消费国，最多时达到每年 800 吨。而中国具有世界上最多的人口，现在许多人又处在迅速富裕起来的过程之中。事实证明，当人们富裕到一定程度的时候，吃穿住行的消费已经不再是主要的目标，而积聚财富会成为众多人的一种选择，如购入不动产、收藏艺术品等。而购买黄金必然成为人们的一种重要的选择，因为黄金才是最不会贬值、可以长期保存而造福子孙的财富。随着中国的黄金市场的开放，黄金投资一定会大幅增长，投资消费甚至有可能超过首饰消费而成为主流。中国的黄金市场将成为世界上最大、最重要的市场之一。

　　而一旦中国出现黄金投资热潮，世界上的金价也会受到影响，会有更多的人买入黄金，使金价上涨。虽然这会促使部分人抛售手中持有的黄金，但是对大多数人来说是买涨不买跌，相信金价上涨会是主流。

　　目前有一些国家在出售黄金储备，他们大都有难言的苦衰，这往往和财政问题有关。如欧洲一些国家当前经济发展缓慢，由于实行多年的高福利政策在支付养老金、失业救济金等问题上遇到了困难。企图用出售黄金来增加收入。而保持黄金储备则是国家强盛的表现，一些发展中国家就在增加黄金储备。这几十年来，世界上各国央行的黄金储备数量并没有发生太大改变，但在世界上，地面黄金存量中所占的绝对比重却在不断下降，从 20 世纪的 50％多下降到了 20％。在世界上政治经济形势都在发生动荡的今天，即使有部分国家出售黄金，也不会对国际黄金市场发生太大的影响。

美国拥有最多的黄金储备，但表示不打算出售黄金，因为如果它出售黄金就会更加降低美元的信誉，就可能给国际黄金市场以致整个国际货币体系带来影响。

当前，不安定的世界政治局势下是黄金升值的好时机。因为在动乱的时候只有黄金才能保持其英雄本色，所以人们往往选择黄金作为避风港，用于资产保值。

伊拉克战争虽然结束，但世界并未太平。恐怖主义的危险如一把利剑悬在头顶，让人们时刻提心吊胆；巴以冲突等还会长期存在；伊朗浓缩铀、朝鲜的核武器让美国人不放心；而美国的强权政治和霸权主义使美国和欧洲的长期伙伴关系也发生了裂痕……

而经济问题更是让美国人伤透脑筋，虽然经济学家对美国经济大都持谨慎乐观态度，但是在 2010 年以后二战期间出生的人口将进入退休期，他们的社会保险对美国将是一个巨大负担。

不过我们也不可以过分低估美国的力量。美国有 3 亿人口，而且汇集了来自全世界的精英，美国的政治、经济和军事力量都是世界第一，所谓"瘦死的骆驼比马大"，因此美元下跌仍是一个长期的过程。虽然有时可能下跌很快，但在一定条件下又会出现反复，对这一点我们必须有充分的思想准备。

目前金价暂时不会涨得太高，还因为黄金的价格是由供求关系决定的。在目前基本保持平衡的情况下，如果金价上涨则会抑制首饰需求，特别是在像印度这样的国家里。有人统计的结果是金价每上涨 1%，需求就会减少 3%。如果金价再上涨，还会引发反向投资，也就是持有黄金的人出售金条或者金首饰换成货币，使再生金大量增加。在 1999 年金价大幅上涨时这一点就表现得很明显。

除了矿产金、稳定的再生金、央行售金和世界上的实金需求基本保持平衡之外，日常金价的波动主要来自投机商的炒作，也就是我们通常所说的"职业炒家"（**professional**）。他们每天在市场上买进卖出，借市场的波动获利，类似于股票庄家。只不过他们不可能完全操纵金价，只是借自己的行动影响市场。要让金价上涨，就需要有新的资金入场，而这只有在发生大的政治经济事件的情况下才可能发生。所以如果世界政治经济没有发生大变化，金价就在一定的区间之内上下波动。形势好，可能再上一个台阶；形势不好，也可能要下一个台阶。但是金价上涨的总趋势是改变不了的。

电子黄金是一种以贵金属为基础运行的电子货币。它是通过电子网络在企业之间和个人之间，用黄金或者其他贵金属代替各个国家发行的货币进行结算的手段。虽然目前的规模还不大，但这是一种趋势，仅仅几年时间，已经发展到了几十万账户。

从美元走势来看，短期内不可能贬值过多。因为虽然存在根本缺陷，但是因为它对世界货币市场影响巨大，如果美元下跌，必须有其他货币来填补。黄金数量有限，不可能完全起到这个作用。另外，美元大幅下跌会引起世界经济秩序的混乱，这也是各个国家不可能大幅抛售美元的主要原因。再说目前欧洲、日本的经济也不是太好，欧元和日元也不可能大幅升值。因而最有可能的是美元的地位逐步下降。

中国目前的国民生产总值为世界第6位，按照中国共产党十六大制定的目标，中国将在20年内使国民生产总值翻两番，达到4万亿美元，成为世界上仅次于美国的第二大国。到时中国的货币——人民币必将在世界上成为一种重要的可兑换货币而被世界各国所接受。人民币市场扩大的同时就是美元的市场缩小，这是一个不可逆转的趋势。欧元将是世界上的一个重要货币，虽然目前欧洲的经济状况不是太好，但是仍具有强大的经济实力。如果日本能够恢复经济，日元也将在世界上发挥更大的作用。而其他国家如印度、俄罗斯等也将在世界金融市场上占有一席之地，美元独霸天下的状况必将改变。如同过去的世界性货币英镑被美元所替代一样，美元在世界货币的地位也将被其他货币所替代，美元将成为世界上的主要货币之一，而与其他主要货币平起平坐。

五、未来黄金走势

在目前，我们可以看到在世界黄金市场上发生了下列动向：

（1）在过去 5 年里，黄金价格上涨了近两倍，显示黄金的价值重新被人们所认识，那种认为黄金将成为普通商品的说法并不成立。

（2）目前金价主要受投资需求推动，因此波动性较大，这种情况可能会维持一段时间。

（3）金价波动主要受到美元和其他商品走势影响。

我们可以得出以下结论：

（1）金价已经在 1999 年和 2001 年两次触底后确立反转趋势，牛市是未来 5～10 年甚至 20～30 年内的主调。世界政治经济形势不发生大的变化，没有其他因素影响，这个趋势不会改变。

（2）与此同步的是美元下跌，在未来 30 年内美元将从世界主导货币逐步退缩为世界若干主要货币之一。

（3）国际上各国央行的黄金储备对金价的影响将逐步减小，部分央行售金将被另一部分央行和民间吸纳，并且在经过若干年，这个吸纳过程基本完成之后，黄金将出现供不应求的局面。

（4）黄金将依然是世界的主要货币之一。黄金依然是信用货币的最终度量，是在信用货币发生危机时的最终解决途径。

（5）技术上美元金价在完成第一浪上升和二浪回调之后，现在正处于三浪上升过程之中，其最高点必将超过一浪的最高点，而在完成这个上涨之前不会出现反转。

在技术上，从长期的走势图上看，金价自 1980 年下跌以来，已经走出了一个双底，现在开始步入上升的大牛市之中。

　　对大资金来说，黄金也是市场炒作的一个筹码。打个比喻说，钯金、铂金就像股市里的小盘股，很容易就被炒作起来；而黄金和白银则像是大盘股，炒作需要比较雄厚的实力。其实和国际市场上存在的数万亿美元流动资金来说，黄金市场算不上什么。现在各个国家央行持有黄金的总和还不到 3 万吨，价值也不过 6000 亿美元。只是炒作需要有个借口。只有在环境合适的时候大资金才会参与进来。像 1997 年巴菲特一次就购买了上亿盎司的白银，占当时世界一年白银产量的 1/4，使银价上涨了 1 倍。到适当时机，大资金自然也会参与黄金市场。

美元/盎司

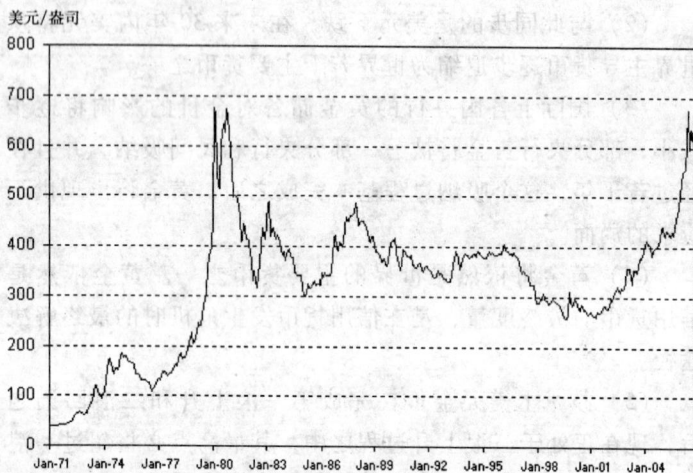

图 7－2　金价走势月线图（伦敦下午定盘价）

关键是美元怎么走？一旦美元大幅下跌，对黄金必定是重大的利好，金价会再上涨，可能突破 1000 美元/盎司。

不过我们在看金价时要注意，当美元走上下坡路时，美元金价会大幅上升，而其他货币的金价并不一定同步上涨。只有把金价在各种货币中的表现综合起来才是黄金的真正价值。

第 8 章

黄金投资

一、什么是黄金投资

如今黄金投资已被越来越多的人所认识，那么什么是黄金投资呢？

投资就是投入金钱、资产或者其他东西以求将来获得金钱上的回报或者其他好处的一种行为，黄金投资则是将金钱或者资本投入黄金，以图保值升值的行为。

普通老百姓大都愿意把手中的钱存在银行，为的是可靠方便。国债和储蓄仍是中国百姓的首选。虽然利息低，但是有保证，而且不会遭受风险。近年来又增加了很多新的投资方式，如保险、基金等，也开始为普通老百姓所认识和接受。至于黄金，虽然在历史上是重要的保值手段，但是前些年来黄金首饰的价格不断下跌，而其他的黄金投资手段又缺乏，已经没有多少人懂得它的重要性及好处了。

这就需要我们加强宣传，使大家提高认识，了解投资黄

163

金的好处，愿意投资黄金。

投资黄金和其他的投资方式相比较，虽然不可能像储蓄和国债那样旱涝保收，但至少也是一种相当稳妥可靠的投资方式，风险较小，而收益可能很大。按照风险/收益比来说，是一种很好的选择。

在 20 世纪 80 年代和 90 年代初有很多人为了保值而购买黄金首饰，希望能够借此回避货币贬值的风险。但是在很长一段时间里黄金首饰的价格却一直下跌，不仅没有能够起到保值的作用，反而造成了损失。所以并非买入黄金就是黄金投资，在适当的时机用适当的方式买入黄金，在适当的时候卖掉，以从中获利，这才是正确的黄金投资。

（一）黄金投资的作用

首先，黄金投资可以促进黄金的生产，所以世界黄金协会才把推动黄金投资作为增加黄金消费的主要方向。前些年因为金价一直处于低迷状态，黄金生产中勘探跟不上开发，所以不少国家的生产能力在下降。虽然新兴的产金国如中国、秘鲁、印度尼西亚等国家生产发展很快，但世界上总的黄金产量增加很少。近年来，投资黄金的人增加，使金价逐渐上涨，就会促使黄金的生产能力增加。

其次，大家购买黄金可以做到藏金于民。我们国家虽然现在有了上万亿美元外汇储备，但是黄金所占的比例不多。作为财富的象征，人们手中存有黄金于国于民都是有利的。由于外汇储备大都是美元，一旦美元贬值，就会使国家和个人都受到损失。用黄金做储备，就可以避免货币贬值带来的损失。前几年在金价相对较低的时候，我国不断增加黄金储

备，从 1999 年的 300 吨，2000 年的 400 吨，2001 年的 500
吨增加到 2002 年的 600 吨，这是国力增强的表现。如果个
人或者机构手中也拥有黄金，就能大大增加国家抵御灾难的
能力，应对可能发生的各种情况。

对个人或者单位来说，我们进行任何投资的目的都是为
了得到回报，而正确投资黄金就有希望得到较好的回报。我
们在金价较低的时候买入黄金，在将来金价上涨时卖出，也
就达到了投资的目的。另外，如果将来黄金期货市场开放，
更有可能通过买卖的差价获利。

当然，也有相当多的人购买黄金并不是为了在将来出
售，而是作为储蓄以备必要时使用，或者留给子孙后代。那
我们在购买的时候也有一个选择的问题，应当选择在适当的
时机，购买适当的品种，以回避风险，获取最大收益。

（二）投资组合（portfolio）

随着社会的发展，人们的收入也在不断增加。除了各种
开销之外，人们手中的余钱越来越多，如何处置这部分资金
就成为许多个人和家庭的一个大问题。对于普通投资者来
说，首先要树立起投资组合的观念。也就是说，从过去那种
单一储蓄的投资方法中走出来，通过投资不同的领域，在尽
可能避免风险的同时也得到更多的收益。

建立投资组合的意思是说，我们要把手中的资金投往不
同的方向，这样虽然也许不能获得最多的利润，但是却能避
免风险。投资有多种方法：储蓄、国债、股票、房地产、邮
票、古玩、书画、珠宝、投资实业……而在这些投资中选择
把部分资金投入黄金也许是一个明智的做法。

黄金投资的特点是不但没有利息，而且还要付出保管费，所以很少有人愿意把大部分资金都投向黄金。但是黄金的好处是稳定，而且和其他大多数投资的运动方向相反，也就是说，当股票、现金、房地产等几乎绝大多数东西的价格都在下跌时，黄金的价格却往往在上涨。所以，传统上人们把黄金当做对抗通货膨胀的手段，或者叫做避风港。因为现金是靠政府的信用发行的，股票的价格是和公司的业绩密切相关的，这些东西在一定条件下就有可能变得一钱不值。只有黄金是实实在在的金属，有其内在的价值，无论在什么时候都不可能完全失去。

（三）黄金投资适合什么人

黄金投资有各种形式，不同的形式适合不同的对象。保守型的人可以选择购买实金或者纸黄金，激进型的人可以选择期货或者期权。黄金生产者可以在市场中做套期保值，手中拥有较大量资金的基金或者银行则可以做高抛低吸，赚取差价。

（四）黄金投资——未来黄金消费的方向

目前世界上的地面黄金存量高达 15 万吨，其中大约 2/3 是作为商品型黄金，包括首饰、工业用金和其他金制品。1/3 是做投资用，其中个人和机构持有 2.48 万吨，官方持有 2.86 万吨。值得注意的是官方持金比重在不断下降，1950 年时占地面存金的 52%，2005 年年底已经下降到了 18%。

世界上现在每年的黄金消费大约是 4000 吨，而矿产金和再生金的数量相加只有 3000 多吨，这其中很大的缺口就要靠官方售金来弥补。2005 年官方净售金达到 600 多吨。最近几年来，许多国家的央行出于各种考虑，都在减少黄金储备，对黄金价格造成压力。但是我们看到，售金的压力已经越来越小，一些售金大国的黄金已经抛售完毕，而有些持金大国又不愿出售。央行手中的黄金经过最近 15 年的抛售，已经减少了 5000 吨，我们不可能设想什么时候所有的央行都不再持有黄金，至少在可预见的未来不会。这样，世界上官方可以出售的黄金数量就很有限了，如果美国、日本不出售，欧洲保持 15％的黄金储备，世界上可供出售的黄金储备只有几千吨。实际上，世界上的官方售金已经显示出下降趋势。2006 年 9 月 26 日到期的央行限制售金协议第二个年度 500 吨的售金额度就没有完成。

而另一方面，新兴的国家已经在买入黄金储备，如我国在 2000～2002 年间，每年买入 100 吨黄金，作为外汇储备。俄罗斯、印度等国家也在增加黄金储备。

还有一点，我们应当看到，黄金市场和国际上的流动资本相比是一个很小的市场，如果大资金看重黄金市场，很容易就可以把金价抬高。一旦国际金价大幅上涨，就可能吸引大量资金到黄金市场中来。

随着国际金价的走高，一些地方的黄金首饰消费已经出现下降的趋势，特别是像印度这样一些对金价敏感的地区。但是黄金投资在许多地方却呈增长的趋势，像美国、加拿大、澳大利亚新发行的交易所交易黄金基金都销售得不错。

黄金的价格与很多因素有关，如国际形势紧张，出现政治、经济、能源危机之类，金价就可能暴涨。而如果国际局势平稳，各国经济发展迅速，金价就难于上涨。其他影响金价涨跌的因素还有很多，所以我们要学习黄金投资的知识，掌握投资的方法。

（五）黄金投资需要做哪些准备

首先，当然是必须有适当的资金。如果数量很少，虽然也可以买一些金条或金币，但也谈不上投资。一般来说，如果是个人进行黄金投资，至少在万元以上，多者不限。

其次，应有方便的投资条件。如果是在比较偏僻的地方就不太方便。最好是在比较容易获得信息，进行买卖活动比较便利的地方。当然，黄金投资的进出并不需要太频繁，所以对这个要求并不太高。

再次，如果进行实金买卖，还要考虑保管的问题。因为无论是金条还是金币，保管都是问题。在银行保存自然是好办法，只不过要付一定的手续费。相比之下，购买纸黄金要方便得多。

最后，要考虑好黄金投资在自己全部资产或者投资组合中应占的比例。我们要考虑把多少资金分配给黄金投资，因为毕竟这是一种稳妥可靠但是收益少的投资，在整个投资中不宜占有过大比例。

在进行黄金投资时先要对黄金投资特别是对于投资的方式有所了解，才能选择好适合自己的投资方式。还要对黄金的走势有所了解，尽管长期来说黄金价格处于上涨之中，但是也并非是说买了黄金就能赚钱。如果买的时机不合适，又沉不住气，同样会赔钱。

如果要进行期货和期权等交易，则还必须对其规则、理论、技术等有充分的了解，最好有股票、期货等方面的实战经验才好进行。

二、黄金投资方法

普通投资者投资黄金首要的问题是选择投资方式。

有不少人喜欢把购买黄金首饰作为投资黄金的首选方式。其实首饰的使用功能要强于投资功能。有的人在孩子还小的时候就把黄金首饰买好，准备将来结婚用。不知道等孩子长大，当初买下的首饰样式早已过时，已经不能用了。如果当初是想为孩子攒下一笔钱，那就不如选择其他的投资方式。所以虽然说购买黄金首饰在一定程度上也是一种投资黄金的行为，但我们通常所说的黄金投资主要是指买入金条、金币以及纸黄金等，而和购买黄金首饰相区别。因为首饰的主要功能是装饰，主要用途是佩戴，而非保值升值。过去许多人购买黄金首饰来投资，是因为没有其他的黄金投资方式，而且大家对黄金投资的内容并不了解。黄金首饰的加工和税收费用比较高，所以购买黄金首饰的价格比起原料金价要高出不少。而在金店回收时，回收价往往还低于原料金价，所以买卖的价差比较大。而且首饰要变现也不那么方便，首饰店里一般只能以旧换新，并不能换成货币，所以黄金首饰并不适于做黄金投资。如果要购买黄金保值或者获利，最好是选择其他的黄金投资方式。而投资黄金的方法有许多种，必须认真了解和选择。

黄金投资主要有实金投资和纸黄金两大类。

实金投资是指买卖金条、金币等，虽然也有时仅是记账，并不提取实物的。纸黄金则以账面记录为主，通常并不和实物打交道。

金条是大家比较熟悉的一种投资方式，特别是在过年过节时，在大首饰店里常可以看到，在媒体上做的宣传也比较多。而且金条是一种古老的保存方式，普通老百姓容易认同。

金条分为普通金条和纪念金条。普通金条做成一定的规格，有一定的成色。例如，目前上海交易所的交易的金条有50克、100克、1千克、3千克和12.5千克，成色为 >99.99％和 >99.95％，可以通过工商银行买到。在市场上我们见到的金条大都是纪念金条，往往是在一定时间里因为一定的题材而发行。这种金条数量有限，因而有一定的收藏价值。但是因为发行范围较窄，所以收藏中升值的可能性并不太大。

目前一些地方在出售金条的同时已经提供回购的手段，例如高塞尔金条的买卖差价在每克 1.50 元左右，这样投资者就可以在市场价高出自己当初的买入价较多时卖出。

买卖金条时，其价格和原料金价比较接近，买卖中的损失少，也就比较容易获利。缺点是金条的价值较高，变现不太方便。而金币则价值较低，比较适于少量投资，缺点则是国内现在还没有回购，变现不方便。

除了购买实金（金条和金币）之外，还有各种非实金投资方式，如黄金账号、黄金现货、黄金期货和期权、黄金存折、黄金凭证、黄金管理账户、黄金理财、黄金证券等，我们在后面将分别予以介绍。

　　实金投资比较适合拥有少量资金而不愿经常照料的个人投资者。选择一个适当的时机购入之后并不需要经常照料，在必要时可以取出兑现或另行处理。

　　希望用黄金投资代替炒股、炒汇的个人投资者，则可以选择纸黄金，它交易方便，省却了运输、保管的麻烦，是一个不错的选择。

　　而对拥有资金量大的机构或者个人来说，投资黄金往往是想通过风险投资获利，因为买卖实金价差大，费用高，这时采用黄金期货和期权是比较理想的。而在目前国内黄金衍生物市场尚未开放的情况下，则可以采用通过上海黄金交易所的会员进行延期黄金买卖，也和期货有异曲同工之处。而有的人通过某些机构直接在国际黄金市场上进行"炒金"交易，则有很大的风险在内，不可不谨慎从事。

三、实金投资

　　实金投资主要是购买金条和金币，原本是一种适合拥有少量资金的个人投资者，风险不大，不需要经常照料的黄金投资方式。不少人喜欢买入金条和金币，因为在目前的价位上，从长期来说应当比储蓄等投资方式回报要高。如果希望收益高，那么可以在金价上涨趋势反转之后卖掉。如果愿意更多地作为保值手段，长期持有也没有坏处。

　　而目前上海黄金交易所的金条 **T＋D** 交易则成为一种准

期货，也有不少投资者参与，下面我们就分别介绍。

（一）金条

金条是黄金市场上最普遍通行的交易品种。通常各个交易所都会要求交易商按照规定的成色、规格、重量和形状提供标准化的金锭。标准金锭上由精炼厂打印成色、重量、厂名、编号等标记，并密封包装加以铅封。投资者购买时可以根据封存的完好性和证明书的准确性来确定金条的真实性。

国际上的通用做法是 400 盎司（12.5 千克）的标准金条按市场金价交易，小规格的金条则要在市场金价的基础上加收一定的费用。

上海黄金交易所的金条规格为 50 克、100 克、1 千克、3 千克、12.5 千克，成色为 99.95％和 99.99％两种。市场上的零售金条则有从 10～1000 克等各种规格。

自 2000 年元旦前市场上发行"千禧金条"以来，各地首饰店已经多次发行各种首饰型的金条，如贺岁金条、奥运金条等，其价格大都和首饰金价差不多，金条上也附有证明书等，有的也已开始回购业务。由于这种金条价格较高，所以更接近于首饰，而和投资性的金条差距较大。

真正作为投资性的金条应当是通过交易所、银行、经纪人等出售的按照规定标准制作的金条，其价格和交易所金价直接挂钩，只收取少量的手续费。而且有适当的回购措施，使购买者能够容易地变现。

目前作为黄金投资方面比较有影响的有上海黄金交易所金条、招商银行经销的高塞尔金条等，我们简单做一下介绍。

（二）高塞尔金条

高塞尔公司是 2000 年由香港的金银路公司同中国印钞造币总公司合资成立的企业，由成都造币公司持有 51% 的股份，香港公司持有 49% 的股份。高塞尔标准金条由中国人民银行所属中国印钞造币总公司长城金银精炼厂制造，是国内最早上市的投资性金条，于 2003 年 12 月在成都首次上市，目前已在国内数 10 个城市网点销售。

由招商银行、农业银行负责经销的高塞尔金条，有 2 盎司、5 盎司和 10 盎司 3 种，纯度为不低于 99.99%，每天上午 10 点在公司指定网点和网上按照每盎司人民币元报价，投资者可以到公司指定网点，在每周一至周五指定时间内买卖高赛尔标准金条。

在买入金条时要加收每盎司 109 元的加工费，卖出时返还 62 元，这样买卖的价差在 1.5 元/克左右。另外买卖差价在 2 元/克，所以要在金价上涨 3.5 元/克后才能有收益。

高塞尔金条价格稍高，但是可以在公司数十个网点之间买卖，比较方便。

（三）上海黄金交易所金条

上海黄金交易所交易的金条主要有 50 克小金条、Au99.99 的 1 千克金条和 Au99.95 的 3 千克金条。投资者可以通过上海黄金交易所的会员购买，价格比较便宜，缺点是不回购。所以如果仅仅是投资用，可以选择不提金，这样就和纸黄金相接近了。

下面我们以"金行家"为例来说明。由中国工商银行和上海黄金交易所联合推出的工行"金行家"个人黄金交易业务，是由银行通过向公众发布上海黄金交易所实时行情的方式，接受个人客户的报价委托，代理个人进行黄金交易并为其提供资金清算和实物黄金提取服务，是一种分散投资、保值避险、安全便捷的交易方式。

投资者可以凭本人有效身份证件，到工行指定的黄金开户网点开立上海黄金交易所黄金交易账户卡，并用牡丹灵通卡或理财金账户卡办理交易开户手续。开户手续办妥后的 **T +1** 日，便可进行黄金买卖委托交易。

目前，工行接受委托的交易品种为 **Au99.99**。交易方式为客户自主报价、实盘交易、撮合成交、实物交割、"实资买入"、"实金卖出"。客户可通过工行的电话银行、网上银行、手机银行委托工行向上海黄金交易所申报，上海黄金交易所按照自动撮合的方式进行交易，成交后由工行代理客户进行资金清算和实物交割。

交易时，客户可根据上海黄金交易所实时的交易行情，报出买入价或卖出价及交易数量，报价单位为人民币元/克，价格保留两位小数。交易单位为手或其整数倍，**Au99.99** 品种 1 手 = 100 克，委托买入时不得少于 10 手，委托卖出最低为 1 手。如果行情价格到达报价时，委托交易即刻成交。

成交后客户可以自由选择提金或不提金。如果不提金，个人客户卖出实物黄金后所得资金的 90% 可用于当日内交易，全额资金将在下一交易日转入黄金资金卡中。客户如需提金，应携带本人身份证件、黄金资金卡，到分行营业部填写《实物黄金提货申请凭证》，办理提取实物黄金的申请手续。一旦提金的申请获得通过，客户凭打印的提货凭证、本人身份证件和黄金资金卡，当场提取实物黄金。**Au99.99** 品种提金单位为 1000 克或其整数倍，提出的黄金不得再入库上市交易。

根据上海黄金交易所的有关规定，客户在进行个人实物黄金交易业务时，除向上海黄金交易所支付其所规定的费用外，还要交纳：

（1）黄金账户卡的开户费，每人凭本人身份证件可以开立一个黄金账户卡，收费标准为 60 元人民币。

（2）交易手续费，为每一笔买入或卖出黄金的成交金额的 0.21%，其中上海黄金交易所收取管理费 0.06%，工行收取代理手续费 0.15%。

（3）出库费，在客户提金时收取，标准为人民币 2 元/千克，不足 1 千克的按 1 千克计算。

（四）其他金条

目前市场上还有多种投资型金条，如西汉志金条、世纪金条、招金标准金条等，投资者可以登录相关网站，了解交易方法，选择参与。而贺岁金条、奥运金条、天路金条等则属于纪念性金条，虽然不少也有回购，但毕竟买卖差价较大，而且价格远远高出原料价格，不属于投资范围，在这里就不多介绍了。

购买金条时最好要购买认证企业的金条，并妥善保管，保证金条的外观、包括包装材料和金条本身不受损坏，并有全部购买时的单据和证明，以免将来出手时遇到麻烦。保管也最好放在银行的保管箱中，避免不测。

（五）金币

金币主要是指由各国政府作保证，以黄金为基材，按照规定的成色和重量，浇铸成一定的形状，并标明其货币价值的铸金币。金币一般有政府出具的证明，以保证其成色与重量的可靠性，出售者大都会承诺按照市场价格回购。

金币的币值只是一种象征意义，而其价格则取决于金币所含黄金的重量和当时的金价，再加上适当的溢价。金币分为普币和纪念币，普币发行数量大，一般为不限量发行，主要供投资者购买，作为投资用。纪念币则限量发行较小的数量，供爱好者收藏。纪念金币的价格一般要高于普通金币。国际上著名的普通金币有美国的鹰扬金币、加拿大的枫叶金币、我国的熊猫金币、澳大利亚的袋鼠金币、南非的福格林金币、墨西哥的自由金币、新加坡的狮子金币等。

（六）普通金币

投资金币指的是买卖普制金币，由于这种金币的价格紧跟市场金价上下浮动，金币又有各种规格，买卖都很方便，所以受到投资人的青睐，国外有很多人愿意投资金币。我国发行的熊猫金币虽然在国际上发行量很大，但是在国内还没有建立起完善的收售系统，所以投资还受到限制。随着收售系统的逐步完善，投资金币也一定会受到大家的喜爱。

我国发行的普通金币只有一种，就是由中国人民银行负责发行的熊猫金币，自 1982 年开始铸造，每年发行一次，有 5 种规格。

例如最新发行的 2007 年熊猫金币共有 7 个重量不同的品种规格，分别为 1/20 盎司、1/10 盎司、1/4 盎司、1/2

盎司、1 盎司、5 盎司和 1 千克 7 个品种。金币每日报价，价格参考上海黄金交易所当日开盘、收盘价格及国际金价的开市、收市价格，在与上海金币投资有限公司联网的"金币交易系统"内实行报价。

上海黄金交易所今后将推出熊猫金币的交易，各个银行也将开展熊猫金币的发售和回购业务。逐步实现价格与国际国内市场接轨，随行就市，一日一价。对金币挂牌销售和回收是国际通行做法，在欧美国家，由于其变现容易，吸引了众多投资者，购买普制金币作为黄金投资产品的理念深入人心。

熊猫普制金币因为它突出的特点而具有良好的投资价值。其特点有：

1. 价格与国际金价挂钩

最近两年发行的熊猫普制金币，其市场价格已经基本与国际市场上黄金的价格接轨了，以 2006 年版 1 盎司的熊猫普制金币为例，其最新的市场价格为 5000 多元，比目前国际市场上黄金的价格仅高出一点点。比金店所出售的金首饰或纪念金条相比升水率少得多。也正是这个原因，发行时间不长的熊猫普制金币的市场价格一般情况下并不与邮币卡市场中的彩金银币的价格涨跌挂钩，而主要是与国际市场黄金价格的涨跌挂钩。

2. 品种规格齐全

除了 1982 年熊猫普制金币发行的第一年是 1/10 盎司、1/4 盎司、1/2 盎司和 1 盎司四种规格外，后来每年发行的熊猫普制金币还增加了 1/20 盎司这个规格。由于有不同盎司的熊猫普制金币，投资者不管资金多少都可以随时随地进行投资，如 1/20 盎司熊猫普制金币，目前的市场价格为 300 多元，价格可以被大多数人承受。

3. 原料要求高

与制作金条金块和金首饰不同，制作熊猫普制金币对黄金原材料的要求相当高，提炼纯度非常高，并且在制造过程中由于种种原因要报废少部分成品或半成品，制造成本也相应的比较高。

4. 制造精细

熊猫是我国的国宝，为了让熊猫的形象很好地在普制金币上得到表现，我国的金银币设计制造专家群策群力、不断攻克难关，在熊猫普制金币的制造过程中，使用了反喷砂造型工艺、凹刻法线条镜面结合造型工艺等，并利用黄金本身的折光效果，使制造出的普制金币上的熊猫憨态可掬、栩栩如生。另外，除了 2002 年和 2001 年版的熊猫普制金币的画面相同外，其余年份所发行的熊猫普制金币的画面都不相同，因此也具有很高的艺术鉴赏价值。

5. 国家法定货币

根据《中华人民共和国银行法》的规定，金币是限量发行的、具有明确主题的国家货币，由中国人民银行公告发行，由中国金币总公司总经销。除了 1982 年版的熊猫普制金币没有面额外，1983 年版及以后所发行的熊猫普制金币均设有面额，2001 年中国人民银行还根据实际情况调高了金币的面额。调整后的金币面额基本上是调整前的 4 倍。这样，1/20、1/10、1/4、1/2、1、5、10 盎司和 1、5、10 公斤金币的面额依次分别为 20 元、50 元、100 元、200 元、500 元、2000 元、5000 元和 1、5、10 万元。

6. 挂牌收购

与普通的金条、金块不同，熊猫普制金币在不远的将来，可以实现被发售机构在指定的银行网点或经销网点回购的便捷。当然，挂牌收购的价格是有原则的：①定价公式：卖出价等于基础金价乘以（1 加升水率）；买入价等于基础金价乘以（1 减手续费率）。②基础金价：参考当天国际、国内以及投资金币的市场供求关系制定。③升水率：投资金币在销售时，它的本金部分按照基础金价确定，而加工费和利润部分则被称为升水，包括铸造成本、储运成本、宣传推广费用、对冲成本、营运成本和一定的手续费。④手续费率：由于回收方应承担相应的回收成本和费用，因而在向客户回收投资金币的同时，在基础金价的基数上制定适当的手续费率，收取相应的手续费。

那么在金条和金币之间，存在哪些区别，投资时应当如何做选择呢？

（1）成色不同。愿意储存黄金的人会觉得金条的纯度更高，更像正经的黄金，符合人们怀旧的感觉。因为上海黄金交易所的金条成色为 99.99% 和 99.95%，而金币的纯度大都为 99.9%。

（2）重量不同。以"猪年贺岁金条"为例，分别为 50克、100 克、200 克、500 克、1 千克 5 种规格，而金币常有 1/20 盎司、1/10 盎司、1/4 盎司、1/2 盎司、1 盎司、5 盎司 1 千克等规格。

（3）成本不同。金条的价值基本上取决于其纯金的含量，加工费和流通费等所占的比例很小，因而其价格和国际金价最为接近。金币则由于其加工成本较高，税收、利润等也都较高，所以同等黄金含量的金币要比金条来得贵一些。例如目前熊猫金币要比同等重量的金条价格高出 4%～8%。

（4）变现难易程度不同。金币的最小规格比金条小，市场上容易脱手。加上银行或出售的商店可以回购，因而比较方便，变现容易。而金条由于成色、重量等要经过鉴定才能交易，十分麻烦。而且大的金条所需资金多，难于找到买主。

（5）金币除了投资价值之外还可以作为艺术品收藏、欣赏。而且随着时间的发展，金币特别是纪念金币可以不断地增值。而金条的价值则主要看其金属含量，即使是作为收藏型发行的金条，其附加价值也比较有限。

（七）纪念金币

纪念金币虽然不属于黄金投资的范围，而主要是作为收藏品，和邮票、钱币等属于另一个投资领域。但是作为一种黄金产品，这里也简单地做一些介绍。

由于金币不仅有贵金属属性而且具有文化、科技附加值，加上金币发行量的限制，使其具有良好的保值、增值的投资属性。

自 1979 年以来，中国现代贵金属纪念币已向海内外发行了 10 大系列近 1500 个品种，这些纪念币题材丰富、设计新颖、铸造精良，具有浓郁的民族特色和独特的艺术风格，成为世界钱币之精品，备受钱币爱好者和收藏家的青睐。熊猫普制金币成为国际钱币市场上享有盛誉的币种之一，中国已成为世界贵金属纪念币的主要出口国之一。我国纪念金币从立项到设计制造都汲取了中华文化精华，具有极高的审美价值、艺术价值和观赏价值。金币设计寓意深刻，选题考究，既有重大政治意义和历史意义的历史事件，如中国香港和中国澳门回归纪念币、中华人民共和国建国 50 周年纪念币，也有历史名人纪念币，如毛泽东、周恩来诞辰 100 周年纪念币，又有珍稀动物如熊猫、华南虎和金丝猴纪念币，还有生肖纪念币、体育题材的纪念币等。

纪念金币工艺精湛、图案精美，使其成为了收藏领域不可多得的上佳选择。尤其从防伪的角度看，由于其原料要求高，制造工艺极其复杂，仿造几乎不可能，使其更胜过邮票、书画、古玩等多种收藏品。

在国内，由于过去黄金市场未开放，加上投入较大，故长期以来，少数收藏爱好者仅能在国营金店得到有限藏品，投资价值难于体现。而随着国家经济的发展、人民收入的不断提高，金币的保值功能会逐渐地体现出来，其风险之小是其他各种邮币卡板块所无法比拟的。目前，金币市场在我们国家还处在初级阶段，如同股市上的原始股票，市场价格定位偏低，因此极具升值潜力。如 1998 年发行的生肖系列的虎年彩色金银纪念币，发行数量 3 万套，刚上市时国家指导价仅几百元，在 3 年的时间里，市场价格已超过 4000 元。而 2003 年发行的佛指舍利金质纪念币，发行时市场价格为 3400 元，一周后立即上涨到 6500 元。投资与收藏市场有一条亘古不变的原则，即物以稀、精为贵。目前纪念金币市价的攀升，使早期涉入的投资者和收藏者得到了物质与精神的双丰收，也说明它被收藏者认同的程度高，其知名度也就会越来越大，会被更多的人认识和了解。

随着我国加入世贸组织，国内黄金市场也在悄然发生着变化。随着开放黄金市场，也将使纪念金币成为真正意义上的投资货币。近年来，由于黄金价格缓步走高，金币市场也出现了一波蔚为壮观的上扬行情，成为市场上投资者关注的主要目标之一。

纪念金币的价格构成除了纯金币的各项价格要素以外，主要由稀有程度、铸造年代、工艺造型和金币品相等四个要素所决定。而考虑纪念金币的历史价值、艺术价值、文化价值和收藏价值，它的价格要远比纯金币高。

金币投资是一个细水长流的长线投资行为。投资金币要注意以下几点：一要选好题材，二要选发行量小的，三要多关注近年来价格相对较低的。另外，就是不能指望朝买夕卖，要有平常心，才会在将来得到丰厚的回报。

金银纪念币由中国金币总公司总经销，中国人民银行批准的中国金银纪念币零售企业或国外钱币经销商分销，目前全国共有 70 多个分销网点。投资者也可以通过上网直接邮购，网址：中国金币网 www.chinagoldcoin.com 和上海金币网 www.shjb.com。

可以预见，随着中国金币收藏队伍的不断扩大，收藏品种也会日趋多元化，金币作为一个重要的收藏品种，将会受到越来越多的重视。金币系列即将步入一个全新的投资和收藏时期。

除了金条和金币之外，金饰品也有一定的投资价值。

金饰品具有广义和狭义之分。广义的金饰品泛指含有黄金成分的装饰品，如金杯、奖牌等纪念品或工艺品。狭义的金饰品是专指以成色不低于 58%（14k）的黄金材料制成的装饰物。

从投资理财的角度看，金饰品的实用价值应大于投资价值，从严格意义上来讲，只是一种保值手段。

（八）上海黄金交易所现货延期交收 Au（T + D）交易

上海黄金交易所现货延期交收 Au（T + D）交易是一种以分期付款方式进行交易，会员及客户可以选择合约交易日当天交割，也可以延期至下一个交易日进行交割，同时引入延期补偿费机制来平抑供求矛盾的一种现货交易模式。由于它可以采用保证金方式进行交易，而且为投资者提供了卖空机制，受到投资者的欢迎，目前已经成为上海黄金交易所里交投最活跃的一个交易品种。

简单地说，投资者通过上海黄金交易所的会员开户以后，存入10%的保证金（通常要多一些，以免很快爆仓），即可进行实时的黄金交易。不过与普通的现货交易不同，而是如同期货一样，在交易中投资者的报价操作除了买报价与卖报价之外，还有一个开仓与平仓的选择。这样，报价操作共有四种，对应不同的资金冻结与持仓增减：①买开仓。②卖开仓。③买平仓。④卖平仓。

开仓：意味着持仓的增加，资金的冻结。

平仓：意味着持仓的减少，资金的解冻，当然只有在开仓之后才可能选择平仓。

持仓：是拥有多头或者空头仓位，直到认为适当的时候选择平仓或者进行实物交割。

多头持仓：表示未来要付出全额资金，得到黄金实物。

空头持仓：表示未来要付出黄金实物，得到资金。

买卖双方可以根据市场的变化情况，随时增减持仓，并决定是否交收。

每个交易日15:00～15:30会员申报当日交收合约数量。系统实时公布认交，认收两边数量。由于每天交货和收货数量往往不相等，这样申报数量少的一方就要向对方交延期补偿费：

延期补偿费＝延期合约数量×当日结算价×延期补偿费率（2‱）×天数

延期超过20个交易日以上的合约，不分方向还要收取超期补偿费每日1‱。

15:30～15:31系统统计和公布交收双方数量，延期补偿费支付方向。

为了扩大交收比，交易所采用中立仓来鼓励市场参加交割申报，当交收申报数量不相等时，具有可用资金或存货的会员与客户可以参与中立仓申报。中立仓的申报实行7%的交易首付款制度，一经申报，按照上一交易日结算价冻结相应资金，申报在15:40之前可以撤单或修改。15:40申报结束。中立仓申报无效或撤单，首付款即时解冻。

中立仓申报成功的会员或客户可获得相应的递延补偿费收入，并生成反向持仓。

延期交收交易的特点是保证金交易，利润和风险都放大。

其他交易要点：

Au（T＋D）交易的基准交割品种为3千克、1千克金锭。

交易时间为周一至周五（国家法定节假日除外）10:00～11:30，13:30～15:30；

周一至周四 21：00 ~ 23：30。

交易单位为手，1 手等于 1 千克。

当日涨跌幅限制定为 ±7%。

黄金现货延期交收业务在开盘前采用集合竞价，采用最大成交量原则，在每个交易日开市前 15 分钟内进行，开市时产生开盘价。开市后采用公开叫价方式，按规定的程序以价格优先、时间优先的原则，自动确定买卖双方成交价格的撮合成交方式。开盘集合竞价中的未成交申报单自动参与开盘后的竞价交易。

交易过程中实行首付款制度：在买卖报价过程中，全部冻结报价金额 7% 的资金；

交易过程实行 T +0，当天买入可以当天卖出；

所有交易品种共用一个资金账户与实物账户，这实现了不同交易品种之间资金与实物的共享。

四、纸黄金投资

对于投资者来说，选择纸黄金是购买实金的一种很好的替代方法，因为它不牵涉实物，也就可以避免验证、运输、保管、买卖等带来的麻烦。而且变现容易，可以随时根据需要把黄金变卖成现金。只是没有拿到实物时那种美好的感觉。目前国内已经有中国银行、中国工商银行、中国建设银行推出这项业务。

此外，还有一些黄金投资产品是类似储蓄或者代客理财性质，也可供投资者选择，也有些产品目前国内还没有，但是以后也可能会开办，下面就分别做一些介绍。

(一) 黄金账户

黄金账户是商业银行为黄金投资者提供的一种黄金投资工具，投资者通过商业银行进行黄金买卖交易时，须在银行开立资金账户和黄金账户，在资金账户上收付资金款项，在黄金账户上做买卖记录，而无需黄金实物的提取交收。银行提供黄金买卖双向报价，金价根据市场价格进行浮动，银行不收取手续费。

中国银行"黄金宝"。 中国银行的"黄金宝"账户，交易标的是成色 100% 的账户金，品种分为国内市场黄金和国际市场外汇黄金，报价货币分别是人民币和美元，因此也简称"国内金"和"国际金"。

投资者要参与"黄金宝"业务，须要在中国银行开立活期一本通账户或一张与中行活期一本通关联的借记卡，在账户内有足够的完成交易所需的人民币或美元，即可到中国银行网点柜台或者通过电话银行、网上银行交易来办理"黄金宝"业务。

"黄金宝"业务每天的交易时间是：电话银行和网上银行为 24 小时交易，即从每周一 8：30 点至每周六 2：30 点（每日批处理时间、国家法定节假日和国际黄金市场休市日除外）。

柜台交易时间为周一至周五每天 9：00～17：00 点（国家法定节假日和国际黄金市场休市日除外）。

人民币金以克为交易单位，每次买卖交易起点为 10 克，最小交易进制为 1 克。美元金以盎司为交易单位，每次交易起点为 1 盎司，最小交易进制为 0.1 盎司。

银行提供黄金买卖双向报价，目前人民币金每克买卖差价为 1.0 元，美元金每盎司买卖差价为 3 美元（交易量大时点差相应减小），可以当日平仓。投资者通过存折账户投资黄金无需交付手续费。客户可以通过该账户进行黄金买卖，但是不能进行实金提取。

中国工商银行黄金买卖业务。中国工商银行已经全面推出人民币黄金买卖业务和美元账户黄金买卖业务。

人民币黄金投资方法：

需要注册成为中国工商银行"金融@家"个人网上银行客户，并开立一个黄金账户，同时指定黄金交易的资金账户。或者使用灵通卡、e 时代卡或理财金卡自助注册电话银行或前往工行任意网点申请开通电话银行，并在网点开立黄金账户、申请电话银行黄金业务。客户的黄金账户只用于黄金买卖交易的账面收付记录，账面黄金余额不能支取、转账或兑现为实物黄金，且不计付利息。

个人账户黄金买卖交易时间，以中国工商银行各营业网点规定时间为准。

人民币黄金买卖，每手最低交易量为 10 克黄金，交易的最小计量为 1 克。建立委托交易时，设定的委托到期日可以在 5 日之内。委托交易的有效截止时间点与建立委托交易的时间点相同（最小单位：小时）。委托有效期最短为 24 小时，最长为 120 小时，委托有效期连续计算，不区分中国工商银行交易时间与非交易时间，超出委托有效期而未成交的委托将自动失效。客户可在中国工商银行交易时间内撤销处于有效期但尚未成交的委托。客户撤销委托的方式与提交委托的方式相同。

美元账户黄金投资方法：

1. 要指定外汇买卖交易专户，才能在网上银行中进行黄金与美元买卖交易。外汇买卖交易专户必须是多币种的活期账户，包括：理财金账户卡、e时代卡、灵通卡的多币种基本账户，以及卡内下挂的多币种活期账户。信用卡、贷记卡、国际卡等账户不能作为外汇买卖交易专户。

2. 外汇买卖中黄金（盎司）只可做兑换美元交易，不可做兑换其他外币交易，因此如果账户中没有美元，须先将其他外币兑换为美元，再进行美元黄金买卖。

3. 美元与黄金的比价实时变动，因此，办理即时或委托交易时，需在输入相关交易信息后的10秒钟内点击"确定"，以保证交易价格有效。

4. 美元账户黄金买卖的每笔交易起点为0.1盎司黄金，最小计量单位为0.01盎司。

（二）黄金存折

黄金存折大致相当于现金中的零存整取，就是每次投入一定的款项，根据当时的市场价格买成黄金存入，到存满一定期限之后可以将黄金取出。目前我国银行虽然还没有提供这种服务，但是投资者可以自行在黄金账户内按照这种方式存入黄金。这种方式的好处是强迫型存款，投资者对黄金价格并不太重视，看重的只是按时执行。由于每次投入款项一定，这样在高位买入的黄金就少，而在低位买入的黄金多，整体算来是合算的。

（三）交易所交易黄金基金

交易所交易黄金基金是国外新近推出的一种投资方式，这是一种直接以黄金实物为背景的证券，购买这种证券也就是买进一定数量份额的黄金，只不过存放在发行证券的公司所指定的金库里，必要时可以兑换成实物黄金。这和国内银行开办的黄金账户有类似之处，但是在交易所上市发行，因而买卖更容易。到 2005 年年底，共有 5 种该类黄金基金上市，还有两种类似的产品。到 2006 年 2 月底，总持仓量已经达到 490 吨。其中最活跃的是在美国纽约股票交易所上市的 street TRACKS 黄金基金，它得到世界黄金协会的支持，到 2005 年年底时总量达到 263 吨。

投资者买入的这种证券可以在市场上卖出，也可以兑换成实物黄金。买卖这种证券实际上就相当于买卖黄金，但是不需要储存和保管，从而节省了大笔费用。由于它们在股票交易所上市，就为投资者购买提供了方便，可以通过上网直接买卖。其价格和国际金价直接挂钩，容易获利。买卖的单位小，有利于小投资者入市。

（四）黄金基金

黄金基金是黄金投资共同基金的简称，是由基金发起人组织成立，由投资人出资认购、基金管理公司负责具体的投资操作，专门以黄金或黄金类衍生交易品种作为投资媒体的一种共同基金。

黄金基金的投资风险较小，收益比较稳定，与我们熟知的证券投资基金有相同特点。在金价不断上涨的背景下，欧美各国的黄金基金大都表现良好。在 2002 年成为美国股市上表现最好的一类基金，43 家黄金基金平均年收益达到了 52.54%，而最好的更高达 93%。

我国的基金中还没有以黄金为专门投资对象的基金。

（五）黄金凭证

这是国际上比较流行的投资方式，银行和黄金销售商提供的黄金凭证，为投资者避免了储存黄金的风险。发行机构发行的黄金凭证上面，注明投资者有随时提取所购买黄金的权利。投资者可按当时的黄金价格，将凭证兑换成现金以收回投资，还可通过背书在市场上流通。投资黄金凭证，要对发行机构支付一定的佣金，和实金的存储费大致相同。

黄金凭证除了常见的黄金储蓄存单、黄金交收订单外，还包括黄金证券、黄金账户单据、黄金现货交易中当天尚未交收的成交单等。

采用纸黄金交易工具，可以节省黄金交易中保管费、储存费、保险费、鉴定费及运输费等费用的支出。同时，纸黄金交易可加快黄金市场交易的速度，具有周转速度快、存储风险小、交易费用低的特点。

（六）黄金衍生物

黄金衍生物主要是黄金期货和期权。

由于黄金具有商品和金融两大特性，所以黄金期货和期权具有与其他商品期货和期权或者金融期货和期权不同的性质，一方面，黄金可以被生产出来，所以它与黄金的生产有关；另一方面，它又可以被借贷，所以与利率密切相关。这是我们在进行黄金期货和期权交易时应当了解的。

黄金期货。主要是指在交易所进行的标准期货交易。一般而言，绝大部分黄金期货合同的购买者，都在合同到期日前出售和购回与先前合同相同数量而方向相反的合约，也就是平仓，无需真正交割实金。每笔交易所得利润或亏损，等于两笔相反方向合约买卖的差额。这种买卖方式，就是人们通常所称的"炒金"。黄金期货合约交易只需 10% 左右交易额的定金作为投资成本，具有较大的杠杆性，少量资金推动大额交易。所以，黄金期货买卖又称"定金交易"。

目前，上海期货交易所已经得到批准，将上市黄金期货。目前公布的只是黄金期货标准合约征求意见稿，如表 8－1 所示，预计将在 2007 年底正式上市。

表 8－1　黄金期货标准合约（征求意见稿）

交易品种	黄金
交易单位	300 克/手
报价单位	元（人民币）/克
最小变动价位	0.01 元/克
每日价格最大波动限制	不超过上一交易日结算价 ±5%
合约交割月份	1－12 月
交易时间	上午 9：00－11：30 下午 1：30－3：00
最后交易日	合约交割月份的 15 日（遇法定假日顺延）
交割日期	最后交易日后连续五个工作日
交割品级	符合国标 GB/T4134－2003 规定，金含量不低于 99.95% 的金锭。

交易品种	黄金
交割地点	交易所指定交割仓库
最低交易保证金	合约价值的 7%
交易手续费	不高于成交金额的万分之二（含风险准备金）
交割方式	实物交割
交易代码	AU
上市交易所	上海期货交易所

黄金期权。主要是指在交易所进行的标准期权交易。期权是购买期权的一方在付给卖出期权的一方一定数量的期权费之后，在未来约定的时间内，具有按照约定的价位购买或出售一定数量黄金或者黄金期货的权利而非义务。如果价格走势对期权购买者有利，他会行使其权利而获利。如果价格走势对其不利，则放弃权利，损失的只有当初购买期权的费用。

目前中国银行北京分行已经推出了以美元纸黄金为基础的个人黄金期权业务"期金宝"和"两金宝"，下面就简单做一个介绍。

"期金宝"是客户买入期权交易，中国银行提供两种不同的期权，一种是固定协定价格的最长为 3 个月和 6 个月的固定到期日期权，另一种是 1 周、2 周、1 个月、3 个月的浮动到期日期权，每天随时给出各种期权的滚动双边报价。期权面值需大于或等于 20 盎司。客户可选择让该期权在到期后执行，也可在认为对自己有利的时候选择提前平仓。

例如客户购入一笔协定价格为 630 美元/盎司的看涨期

权，期权面值为 100 盎司，期限为一个月。如果中国银行报出的该期权的开仓价为 19 美元/盎司，则客户需付出的期权费为 19 × 100 = 1900 美元。

如果一个月以后，金价涨到了 630 美元/盎司以上，该期权将被执行。例如在金价为 640 美元/盎司的情况下，客户收益为（640 – 630）× 100 = 1000 美元。由于此前付出了 1900 美元的期权费，所以实际还亏损 900 美元。

而如果一个月以后，金价涨到了 660 美元/盎司，则该期权被执行时客户的收益为（660 – 630）× 100 = 3000 美元。扣除此前付出的 1900 美元的期权费，实际盈利 1100 美元。

如果一个月以后，金价低于或等于 630 美元/盎司，该期权将不被执行，客户净损失期权费 1900 美元。

而如果在一个月以内，例如 20 天后金价涨到了 660 美元/盎司，客户预计在期权到期日金价有可能低于此价位，因此选择提前平仓。如果当天中国银行报出的平仓价为 26 美元/盎司，则客户可以按此价位把该期权卖回给中国银行。客户的净收益为（26 – 19）× 100 = 700 美元。

"两金宝"是客户卖出期权交易。中国银行提供期限为 1 周、2 周、1 个月、3 个月的期权银行买入价，客户在把该期权卖给银行的同时，须在银行存有相应数量的美元存款或纸黄金作抵押物。

例如客户卖出一笔协定价格为 630 美元/盎司的看涨期权，期权面值为 100 盎司，期限为一个月。如果中国银行报出的该期权的开仓价为 13 美元/盎司，则客户可以获得 13 × 100 = 1300 美元的期权费。同时，客户账户中存有的 100

盎司纸黄金将被冻结。

一个月以后，如果金价跌到了 630 美元/盎司或者更低，该期权将不被执行，客户账户中的 100 盎司纸黄金被解冻，同时获得净收益 1300 美元。

而如果在一个月以后金价涨到了 630 美元以上，这笔期权将被执行，也就是在客户账户中的 100 盎司黄金变成了6300 美元。例如在金价为 640 美元/盎司的情况下，客户损失为（640 - 630）×100 = 1000 美元，不过由于此前客户已经得到了 1300 美元的期权费，所以实际净盈利 300 美元。

黄金期权的开通为投资者又增加了一种选择，但是期货和期权的风险都很大，投资者须十分谨慎，对操作中可能出现的各种情况要做充分了解，并且应当切实遵循本书后面"投资技巧"一节中介绍的投资原则。

（七）黄金股票

黄金股票是指和黄金生产有关的公司，主要是金矿公司向社会公开发行的上市或不上市的股票。由于生产黄金的公司的主要利润来源是黄金，所以公司经营好坏，收入多少和金价的高低有着直接的关系。也就是说，投资者不仅是投资金矿公司，而且还间接投资黄金市场，因此这种投资行为比单纯的黄金买卖或股票买卖更为复杂。投资者既需关注金矿公司的经营状态，又要随时注意黄金市场的价格走势。

由于金矿公司的生产成本和生产条件有关，而和金价的高低关系并不大，而公司盈利多少却和金价关系非常大。如某公司营业收入的 90% 来自出售黄金，利润占营业收入的15%，成本占营业收入的 80%。当金价上涨 50% 的时候，营业收入增加了 40% ，而利润却增长了 200% 。所以当金价上涨时，生产黄金公司的股票价格往往上涨得比金价还要快。所以在金价上涨的时候购买这些公司的股票往往有很好的收益。

我国内地当前股市上的上市公司真正和黄金生产密切相关的只有"中金黄金"和"山东黄金"两家，其他如"内蒙宏峰"、"豫光金铅"、"锌业股份"和"江西铜业"等公司的主营业务则并非黄金，所以和金价的关系也就不那么密切。

"中金黄金"和"山东黄金"，是"中金黄金股份有限公司"和"山东黄金矿业股份有限公司"两个企业发行的股票。

"中金黄金股份有限公司"是由中国黄金总公司作为主发起人，以经评估审核后的河北峪耳崖金矿、陕西东桐峪金矿和河南中原黄金冶炼厂全部经营性资产以及山西大同黄金矿业有限责任公司 40% 权益和 2000 万元现金作为出资投入，联合中信国安黄金有限责任公司、河南豫光金铅集团有限责任公司、西藏自治区矿业开发总公司、天津天保控股有限公司、山东莱州黄金（集团）有限责任公司和天津市宝银号贵金属有限公司等 6 家其他发起人以现金投入，共同发起成立的股份有限公司。公司于 2000 年 6 月 23 日在天津市注册成立的股份有限公司，注册资本 1.8 亿元。主营业务为黄金等有色金属地质勘查、采选、冶炼。

"山东黄金矿业股份有限公司"是由山东黄金集团有限公司联合山东招金集团公司、山东莱州黄金（集团）有限公司、济南玉泉发展中心及山东金洲矿业集团有限公司等 4

家发起人共同发起设立，并于 2000 年 1 月 31 日在山东省登记注册的股份有限公司，注册资本 1 亿元。主营业务是黄金开采和选冶加工，同时，伴有白银、硫精矿的生产。2000 ～ 2002 年，公司黄金产量分别为 2929 千克、3105 千克和 2816 千克。

相比之下，由于"山东黄金"以生产黄金为主，而"中金黄金"以冶炼占较多成分，当金价上涨时"山东黄金"受益较多，效益也比较好，所以"山东黄金"的股价要高，在股市上的走势也领先于"中金黄金"。

此外还有两只在香港上市的股票：2003 年年底，福建紫金矿业股份有限公司在香港上市，这也是国内著名的黄金矿业企业，以金矿及有色金属开发为主，2002 年生产黄金 7812 千克，利润超过 2 亿元。由闽西兴杭国有资产投资经营有限公司、新华都实业集团股份有限公司、上杭县金山贸易有限公司等发起成立，现有总股本 9500 万股，净资产 1.43 亿元。

2006 年 1 月，河南灵宝黄金股份有限公司也在香港上市，该公司成立于 2002 年 9 月 27 日，拥有总资产 10 亿元，净资产 4 亿元。公司下属黄金冶炼、枪马金矿等 6 个子公司，主要从事黄金开采、冶炼，年产黄金 10 吨、白银 30 吨、电解铜 10 吨、工业硫酸 15 万吨。2005 年公司完成销售收入 15.5 亿元，实现利润 1.55 亿元。

还有一种和金矿公司的股票类似的磐泥黄金股票，是指已购置了大批可能含有沙金成分的河床或矿金成分的山地，但还未被开发证实的股份公司所发行的股票。投资磐泥黄金股票，就是要投资未来，如果最终证实该处没有开采价值，股票就打了水漂；但是一旦证明有价值甚至有很大的价值，则股票价格就会成倍上涨。投资磐泥黄金股票风险很大，其缺点是转让性差，资金易冻结，交易费用高。国内市场上目前还没有。

投资黄金股票主要方法是和投资其他股票一样的，只是其价格受金价影响较大。所以在股市表现好的时候投资黄金股票不失为一种投资的好方法。

（八）黄金理财账户

目前有部分银行开办了黄金理财账户，办法各不相同，大体上都提供本金保障的承诺，这样即使产品到期拿不到利息，本金仍然能够保住。适于那些想参与黄金投资，但自身又没有能力控制风险的投资者，当然收益也要低得多。

目前市场上各类黄金理财产品结构多样，风险程度各异。我们常见的产品结构有三种：①对称区间型，就是银行预先设定一个黄金价格的波动区间，例如（观察日价格 ± 60 美元）；②非对称区间型，可以让投资者选择是看涨黄金还是看跌黄金。如果看涨黄金，投资者就购买区间为（观察日价格 + X 美元）的结构，如果看跌黄金，投资者就购买区间为（观察日价格 – X 美元）的结构；③触发型，只要在理财期内黄金价格触碰或者超过预先设定的一个价位或者涨幅，就可以获得最高预期收益率。

例如，2006 年中国银行发售的第七期"汇聚宝"个人外汇理财产品系列中的 A 号——美元"黄金看涨"，就是一个与国际黄金价格挂钩的 6 个月产品。规定在 6 个月到期后本金 100% 返还。如果在未来 6 个月中任何一天黄金价格达到或者超过期初价格的 120%，投资者就可以拿到 8.5% 的收益；而如果上述情况没有实现，则投资者仍可以得到 2.00%（年率）的利息。

再以花旗银行推出的黄金挂钩理财产品——美元 6 个月结构性投资账户为例，该产品投资币种为美元，起点金额为 2.5 万美元，投资期限为 6 个月，投资收益与国际金价挂钩，保证本金。

该产品投资年收益率为 5.5% × n/360。其中 n 为黄金价格观测值落入预设区间的实际天数。即观察期内，若当天的黄金价格观测值落入预设区间，则投资者当天可获得 5.5% 的年收益率；若当天的黄金价格观测值落在预设区间外，那么投资者当天的收益为 0。该产品银行和投资者都无权提前终止，产品到期日一次性还本付息。

该产品的投资收益取决于黄金价格观测值的未来走势，该产品预设的黄金价格波动幅度为出示价格的上下各 15%，共计 30% 的波幅。如签约日黄金价格为 600 美元/盎司，则金价预设区间为 510 ~ 690 美元。

如果未来金价波动大，金价超出预设区间的时间多则收益低，而如果未来金价波动小，金价超出预设区间的时间少则收益高，而最高为年利 5.5%。

这类与金价挂钩的理财产品的特点是：

本金有保障，但是收益率有上限，不能完全分享黄金价格上涨的好处。流动性较差，在产品未到期前不能退出。而且投资者需要对黄金市场有一定的了解，才能不仅仅是碰运气。

（九）黄金管理账户

黄金管理账户是指经纪人全权处理投资者的黄金账户，属于有风险的投资方式，关键在于经纪人的专业知识和操作水平及信誉。一般来讲，提供这种投资的企业具有比较丰富的专业知识，收取的费用不高。同时，企业对客户的要求也比较高，要求的投资额比较大。

五、黄金投资技巧

黄金投资市场和股市、期货以及外汇市场相比，同样有很多赚钱的机会，当然也有很大的风险。

有些人手中有了一些资金或者黄金，看到别人在黄金市场中赚了钱，因此也想来试一试身手，碰一碰运气，这种想法是要不得的。

作为风险投资，黄金市场和其他市场一样，蕴藏着极大的风险。风险就在于你对黄金市场中的机遇和风险认识不足，很可能刚开始的时候你赚了一些钱，而随后却输的更多。我国股市刚刚起步的时候，确实也有不少敢于尝试的人发了大财。但是当初上海股市中的大户，90% 以上都被淘汰掉了，能够像"杨百万"那样存活下来的是极少数。

有些人在市场上凭感觉做，如金价连续上涨了很长时间，他就认为涨得差不多了，于是就反手做空。殊不知市场有它自己的规律，涨了还可以再涨，跌了还可以再跌。没有对市场的深刻了解，不掌握基本分析和技术分析的方法，没有不跌跟斗的。这几年来黄金价格上涨了很多，但是在黄金市场上赔钱的也大有人在。

一般来说期货市场都是"零和市场"，也就是说如果不算手续费的话，因为买卖是一一对应的，盈利的人赚到的钱就是从赔钱的人身上赚来的。所以要想在黄金市场中获利，就要有一定的方法。而由于期货市场（包括上海黄金交易所的延期交收）实行的是保证金制度，在其杠杆作用下，收益和风险就都被放大了。所以要想在市场中存活下来，并且不断成长壮大，没有正确的方法是不行的。

要在风险市场中获利，最要紧的是注意以下几点。

（一）看清方向

在黄金市场上进行风险投资和其他期货市场一样，最好是顺势而为，也就是说，在市场趋势上涨时做多，而在市场趋势下跌时做空。但是掌握市场的趋势却不是一件容易的事情。

在2006年年中以前，做多是唯一正确的选择。因为在前几年中美元不断下跌，金价不断上涨，到后来则是金价与美元同涨，所以最好的办法就是逢低买入，高位抛出，然后再等待下一个低点的到来。这样做虽然不能像股市一样经常有机会，但是却可以保证我们只赚不赔。

而在2006年5月之后形势变了，金价出现大幅波动，黄金市场从单纯向上的走势变成了双向运动，这样我们的做法也要随之改变，应当随时注意黄金市场的变化，做到高抛低吸。

（二）利用概率，及时止损

要在风险市场中让每笔投资都正确是不可能的，无论操盘手的水平有多高，也难免有做错的时候。这时候最要紧的就是及时止损出局，避免更大的损失。这里的依据就是概率理论，只要胜多负少，算总账就仍然有希望获胜。

止损是投资者为了避免自己的资产遭受较大损失而设定的价位。如做多者买入看涨期货合同后，希望金价上涨，但同时设定如果金价走势和原先的预期相反，就要实行止损操作。具体做法是在金价下跌超过一定幅度例如 2% 时即将多头仓位全部平仓，以免因为金价继续下跌而遭受更大的损失。同样做空者也会在金价上涨时设定平仓的止损位。

这里的关键在于一旦金价达到止损位就要坚决执行，即使过后发现错了也不要后悔。因为假如不止损就可能遭受更大的损失，那时后悔就来不及了。遵守纪律是取得胜利的前提。

止损常常也对金价产生影响。而且这些止损位大都是在整数位，特别是在重要的压力位、阻力位和整数关口。由于许多大资金使用计算机操盘，因而当金价突破某一关口时，往往会发生触发大量止损盘的情形。而一旦大量止损盘出现，则会推动金价沿着原来的方向加速前进。

（三）正确分配资金

在风险投资中正确分配资金也是十分重要的。首先，在投资时不要一次把资金全部投入，而应当采取分批分期投入。如把全部资金分成三份，如果认为金价在上涨中，用第

201

一份资金买入后金价确实上涨了并获利了，这时再买入第二份，这样如果再出现下跌，损失可以小一些。而如果发现方向做反则及时止损，由于投入的资金少，这样可以减少损失。市场中不怕误，就怕错。只要资金在，机会永远有，而一旦资金没有了，机会也就没有了。

在期货和期权交易中还要留有足够的保证金，因为如果方向做对，固然没有问题，但是如果方向做反，因亏损而招致的追加保证金数量过大很可能导致被迫平仓，这是最危险的。尤其在期货市场中，大资金拥有者往往会单方向拉抬，迫使对方平仓，而对手在平仓的同时等于增强了他们的力量。因为假如大资金拥有者做多，对手做空，在对手被迫平仓也就是买入之后，买入的力量就加大了，剩余的对手将受到更大的挤压，直到所有对手都被排挤出局为止。要避免这一点，一是不可满仓，二是及时止损出局。

还有一点要谆谆告诫投资者的是：不要随便到不正规的网站、机构参加高风险的投资。据媒体报道，有人到境内外参与黄金期货投资，结果被骗得血本无归，原因是这些机构根本不把资金真的投入国际黄金市场，而是在客户之间实行对冲。开始时客户挣了一些钱，而当行情不利时，交易却总是不成功，结果很快就把钱输得精光。对市场中的种种陷阱，不可不留戒心。

附录1

黄金相关单位

中国黄金协会

是经国家经济贸易委员会和中华人民共和国民政部正式批准和注册登记的全国性社团组织。该协会是由黄金生产、加工和流通企业、事业单位和与黄金相关企业及事业单位、社团组织自愿组成的全国性、非营利性、自律性的社会组织，是依法成立的社会团体法人。

中国黄金协会的宗旨是坚持党的基本路线，遵守法律、法规和国家政策，遵守社会道德风尚；坚持为政府、为企业、为企业经营者服务的宗旨，建立和完善行业自律机制，在国家宏观调控指导下，逐步实现行业自我管理；充分发挥政府的参谋助手作用，发挥在政府与企事业单位之间的桥梁和纽带作用，发挥为企事业单位提供中介服务的作用；开展国际合作与交流，促进对外经济技术的合作，推介黄金产品，培育民族品牌，扩大黄金应用领域，推动黄金消费。

中国黄金协会设立理事会、常务理事会。现有理事单位288家，常务理事单位92家。

上海黄金交易所

是经国务院批准，由中国人民银行组建，在国家工商行政管理局登记注册的，不以营利为目的，实行自律性管理的法人。遵循公开、公平、公正和诚实信用的原则组织黄金、白银、铂交易。

黄金交易所实行会员制组织形式，现有会员 149 家，交易所会员依其业务范围分为金融类会员、综合类会员和自营会员，其中金融类 20 家、综合类 119 家、自营类 10 家。会员单位中年产金量约占全国的 75%，用金量占全国的 80%，冶炼能力占全国的 90%。

中国黄金集团公司

是在原中央所属黄金企事业单位基础上组建的大型国有企业，由中央管理，经国务院同意进行国家授权投资的机构和国家控股公司的试点。

中国黄金集团公司总资产 102 亿元，是国内最早从事黄金开发的企业之一，具有丰富的管理经验和雄厚的技术、资金实力，建立了完整的研发体系，取得了一批有自主知识产权的黄金科技成果，在难于处理的金矿资源开发利用、精炼等方面达到了国际先进水平。其下属黄金企业遍布全国各主要产金地区，年产黄金约占全国黄金总产量的 20%，控制的黄金储量占全国黄金总储量的 30% 以上，极具发展潜力。中国黄金集团公司是上海黄金交易所的理事单位，其控股的中金黄金股份有限公司是我国黄金矿业开发领域的龙头企业。除黄金业以外，中国黄金集团公司还积极开展多元化经营，在贸易、辐照、传媒、广告、仓储等领域均取得了不俗的业绩。

中金黄金股份有限公司

成立于2000年6月23日，由中国黄金总公司、中信国安黄金有限责任公司、河南豫光金铅集团有限责任公司、西藏自治区矿业开发总公司、山东莱州黄金（集团）有限责任公司、天津天保控股有限公司和天津市宝银号贵金属有限公司等7家企业共同发起设立。

2003年7月30日，中金黄金股份有限公司获准发行1亿股A股股票，并于2003年8月14日在上海证券交易所挂牌上市，公司从此跨入了发展的快车道，成为中国第一家专业从事黄金生产的上市公司。

公司现有9个职能部门，2个分公司，8个子公司。截至2005年年底，公司总资产17.26亿元，净资产7.89亿元。公司矿山选矿能力为4500吨/日，黄金冶炼能力580吨/日，精炼能力40吨/年。年销售收入44.5亿元，利润1.9亿元。

作为中国第一家专业从事黄金生产的上市公司，中金黄金股份有限公司将不断借助资本市场平台，扩大占有黄金等矿产资源，并通过逐步完善和创新经营机制，着力提高核心竞争力，实现跨越式发展，打造出中国黄金业的第一品牌。

山东黄金集团有限公司

是1996年7月，经山东省人民政府批准，由原山东省黄金工业总公司改制而成的国家大型一类企业，隶属于山东省人民政府，是国家 300 户重点企业之一。拥有分公司 6 个，全资和控股子公司 20 个，参股公司 11 个，资产总额 30 多亿元，员工总数 1.6 万多人。2003 年 8 月 28 日，山东黄金股票在上海证交所发行上市。

山东黄金集团是一个黄金主业实力雄厚，非金产业蓬勃发展的综合性大型企业集团。集团集黄金地质勘探、采选和冶炼、科学研究和工程设计及施工、设备制造和安装、电力和物资供应、饰品设计以及黄金产品深加工等于一体，在规模、产量、效益和经营管理水平等方面均处于同行业领先地位，2005 年产黄金 5.9 吨，年销售收入 38 亿元，年实现利润 1.9 亿元。

山东招金集团公司

位于以盛产黄金闻名于世的"中国金都"——山东省招远市。公司成立于 1974 年，前身为招远市黄金工业集团总公司，现为中国黄金行业规模最大、产量最高、效益最好的黄金企业之一。公司拥有全资子公司 8 个、控股子公司 11 个、参股公司 5 个和承包企业 2 个，现有职工 1.2 万人，总资产 45 亿元。

公司的黄金探采、选冶、精炼、金银制品加工、矿山机械制造配套成龙，形成了完整的生产体系，年采选能力达到 300 多万吨，年产黄金 12.85 吨，销售收入 72.5 亿元，利润总额 7.6 亿元。

福建紫金矿业股份有限公司

经福建省人民政府批准，于 2000 年 9 月设立，是国有相对控股（48%）的股份制企业。至 2003 年 6 月底，企业总资产达 12.5 亿元、净资产 5.85 亿元，员工 1056 人。公司以金矿及有色金属开发为主，是中国黄金协会的副会长单位。2006 年上半年生产黄金 9.5 吨，约占全国矿产金量的 12.24%；利润 7.5 亿元，占全国黄金行业的 30%。矿产金克金综合成本 68.52 元/克，成本控制在全国处于领先地位。

核心企业紫金山金矿是国内单体矿山保有可利用储量最大、采选规模最大、黄金产量最高、矿石入选品位最高、单位矿石处理成本最低、经济效益最好的黄金矿山。紫金黄金冶炼厂为上海黄金交易所首批确认的可提供一级品的 10 家合格黄金精炼厂之一。并列入英国伦敦金银协会 LBMA 黄金供货商名录，由紫金生产的标准金可以在世界范围内进行销售，黄金产品获准使用"采用国际标准产品"标志。

公司为国家大型企业，国家重点高新技术企业。公司的博士后科研工作站承担了多项国家级科技攻关项目，在低品位金矿的开发利用技术、铜矿生物冶金技术和卡林型难选冶金矿预氧化工艺技术方面居行业领先地位。公司总的发展目标是把紫金山矿业建设成为高技术效益型特大国际矿业集团。

长春黄金研究院

始建于 1958 年，位于吉林省长春市，是中国唯一的专门从事黄金工业基础理论与工程技术开发的国家级科研机构。全院拥有地质、采矿、选矿、冶炼、环保、砂金、岩矿、分析、机械制造、电气、电子计算机应用等 23 个专业学科。是一个专业配套、技能齐全、实力雄厚、手段先进、设备一流的综合性科研机构。本院下设地质研究所、采矿研究所、选冶研究所、环保研究所、黄金制品应用研究所、分析检验所、信息中心、《黄金》杂志社、计算机网络工程中心等单位。同时，拥有开发生产新型选矿、冶炼、环保及砂金设备的技术开发公司。国家金银及制品质量监督检验中心（长春）、中国黄金环境监测中心挂靠在长春黄金研究院。

长春黄金设计院

是全国唯一的黄金专业设计院，现隶属于中国黄金集团公司。

该院始建于1958年，是集黄金行业工程设计、规划、定额、造价、咨询、工程监理和工程总承包、民建设计等综合资质为一体的大型甲级设计院。通过几十年的发展建设，形成了适应市场经济要求的专业配套、业绩显赫的技术队伍，具有先进的设计手段和技术装备，承担黄金矿山、有色金属矿山和非金属矿山的建设项目及工业与民用项目总承包，实施包括设计、设备询价、采购设备、材料订货、工程建设管理、试车、直至竣工投产后指导生产达标的一条龙系列服务。

中国金币总公司

中国金币总公司成立于1987年，是中国人民银行直属的我国唯一经营贵金属纪念币的专业公司，是中央银行履行贵金属货币发行和国家贵金属储备职能，同时实现国家贵金属储备保值、增值的重要单位。公司自成立以来，共发售金币200多万盎司、银币1500多万盎司。

中国金币总公司主营范围为：接受中国人民银行委托，经营各种金属纪念币、章和部分黄金、白银的国外销售；贵金属纪念币的设计、生产、批发；自营和代理各类商品及技术的进出口业务（国家限定公司经营或禁止进出口的商品及技术除外），经营进料加工和"三来一补"业务；经营对外贸易和转口贸易。同时兼营高级金银、金属工艺品、装饰品、首饰的销售；在境内举办对外经济技术展览会。

世界黄金协会

组建于 1987 年，由世界领先的黄金矿业公司资助建立的组织，目的是促进黄金消费。它努力促使各国消除壁垒、增加营销和推动各国官方持有黄金储备。

世界黄金协会为其会员和黄金行业其他成员提供信息，以及黄金消费方面的数据。

协会总部位于伦敦，在世界各地设有代办处，在中国的北京、上海及广州设有联络代办处。协会每年投以数千万美元通过广告、公关活动、业内教育及市场调查来推广黄金首饰、投资及工业用途。

黄金矿业服务有限公司（GFMS）

黄金矿业服务有限公司是位于英国的一家专门从事黄金咨询的公司，其最重要的服务产品是每年的贵金属年鉴。每年 5 月出版的《黄金年鉴》及随后每年两次的补充版，是世界黄金业最权威的年鉴。多年来以其编著者们严谨求实的研究态度和亲临实地的现场调查赢得了全世界公认的权威性，已成为国际黄金业人士必备的资料。该书详细叙述每年世界黄金业的发展变化情况，并分列专章具体分析了世界范围内黄金市场的概况、黄金价格、黄金交易、矿产金生产、官方黄金储备变化、再生金供给、制造业需求、黄金投资等方面的情况，是研究国际黄金市场供求、价格变化的最权威工具书。该书由《中国黄金报》负责中文版翻译出版发行。

附录 2

黄金相关媒体

当前国内虽然各家报纸、电台、电视等各种媒体上经常发表有关黄金的信息，但是专门发布有关黄金信息的媒体不是很多，最主要的要数《中国黄金报》和"中国黄金网"。

《中国黄金报》

是国家正式出版的中央级产业经济新闻媒体，是中国黄金、首饰、钟表行业唯一面向国内外公开发行的综合性权威报纸。每周二、五在北京出版，为您提供黄金、首饰、钟表业的独家新闻和相关行业重要信息。

蕴藏无限商机的中国黄金市场已经开放，黄金已经成为全新的、稳健的投资热点。《中国黄金报》作为上海黄金交易所指定的信息披露媒体，每期辟有《黄金市场》专版，是中国唯一公开报道、深入分析国际和国内贵金属行情的报纸。

《中国黄金报》已有 10 年专业新闻出版经验，在全国各地及世界华语商圈里拥有广泛、稳定的读者群。

《中国黄金珠宝》杂志

是国内唯一的黄金、珠宝、钟表的高档杂志。她以时尚和消费的视点，精美的视觉表象，成为黄金珠宝销售、生产、设计等环节的品牌指导手册，是业内最具视觉表象和品牌影响的营销平台。

《黄金》杂志

由长春黄金科学院主办，是由原国家科委批准，由国家经贸委黄金管理局主管的综合性技术刊物，创刊于 1980 年，是黄金行业唯一的综合性科技期刊。杂志全面报道黄金行业及相关行业地质、采矿、选冶、分析与环保、管理等方面的科研成果，介绍新理论、新技术、新设备、新工艺、新方法、生产技术经验等内容，同时开辟了企业之窗、黄金市场、首饰之苑、综合信息等栏目。

与黄金相关的主要网站有：

中国黄金网 http://www.gold.org.cn

由北京黄金经济发展研究中心、中国黄金报社主办的中国黄金信息网组建于 1998 年，栏目设置有：实时金价、走势日评、走势周评、一周行情、新闻发布、招商引资、黄金家园、黄金论坛、资料库等几十个栏目，并且提供手机短讯信息服务。

经过 5 年的努力，依托《中国黄金报》、《中国黄金珠宝》杂志强大的媒介后盾，中国黄金信息网已经成为中国黄金、珠宝行业访问人次最多的网站，是黄金、首饰企业获取市场信息的最快捷途径。

24k99 网站：http：//www.24k99.com

专业黄金网站，提供黄金报价、黄金信息和金价走势分析图。

中国黄金集团公司网站 http：//www.chinagoldgroup.com

由中国黄金集团公司主办，提供有关黄金的新闻、公司的信息等。

中国黄金协会网站：http：//www.cngold.org.cn

由中国黄金协会主办，介绍有关黄金的全面信息、知识，以及协会的活动等。

中国金币网 http：//www.chinagoldcoin.net/index0.asp

由中国金币总公司主办，介绍有关金币发行、收藏的知识、资讯、政策法规等。

上海黄金交易所网站：http：//www.sge.com

由上海黄金交易所主办，主要介绍交易所有关内容，特别是面向会员。包括政策、信息、交易所动态、每日行情等。

黄金科技信息网 http：//www.goldst.net

由长春黄金研究院主办，介绍有关黄金的新闻、知识、科技成果、政策法规等。

http：//www.kitco.com

世界最著名的黄金网站之一，提供实时贵金属价格和走势图、贵金属借贷利率、贵金属历史价格、黄金公司股票动态、有关贵金属的新闻和评论等。

位于加拿大蒙特利尔的该公司本身是从事黄金买卖的，包括金条、金丝、金箔、金粒和金币等。可以通过网站完成各种交易。

http：//www. thebulliondesk. com（英文）

位于英国伦敦的这个贵金属网站是新闻内容最丰富的黄金网站之一。它随时收集全球来自路透社等多处有关黄金的信息并及时发布，一天内发布的消息多达近300条。还有各银行的评论、金价走势的分析、提供咨询服务等。

http：//www. gold. org（英文）

世界黄金协会网站，提供黄金市场各类黄金产品，包括金制品、金首饰、金条、金币和工业用金的各种信息，特别是市场的需求和供应信息。并介绍有关黄金的知识、提供合作伙伴、专利信息、科技信息等。

http：//www. lbma. org. uk（英文）

伦敦金银市场协会网站，介绍伦敦金银市场，可以查到伦敦黄金市场的有关信息。

http：//www. nymex. com（英文）

美国纽约商业交易所网站，纽约商品交易所（COMEX）现在是它的一个分部，网站上可以查到纽约贵金属期货和期权的报价。

http：//www. tocom. or. jp（日文、英文）

日本东京交易所网站，可以查到该交易所贵金属以及其他商品期货的报价。

http：//www. gfms. com. uk（英文）

黄金矿业服务有限公司（GFMS）网站。

http：//www. e - gold. com/（英文）

世界上第一个采用贵金属电子货币的网站，目前已有几十万用户。

附录3

黄金单位换算表

1 盎司 = 0.9953 两 = 0.831047 司马两 = 31.1035 克

1 两 = 1.0047 盎司 = 0.8349 司马两 = 31.25 克

1 司马两 = 1.2033 盎司 = 1.1976 两 = 37.429 克

1 克 = 0.03215 盎司 = 0.032 两 = 0.02672 司马两

国际国内金价换算举例：

国际金价 = 560 美元/盎司，美元/人民币汇率 = 7.9020

560 美元/盎司 = 560 × 7.9020 ÷ 31.1035 = 142.27 元/克

附录4

中国工商银行个人
账户黄金买卖章程

第一章　总　　则

第一条　中国工商银行个人账户黄金买卖业务系指个人客户在中国工商银行规定的交易时间内，使用中国工商银行提供的个人账户黄金买卖交易系统，在柜台或通过电子银行（包括网上银行、电话银行及自助终端等）手段叙做的黄金（盎司）与美元、黄金（克）与人民币之间的即期买卖交易。

第二条　中国工商银行个人账户黄金买卖业务属实盘买卖业务。

第二章　个人账户黄金买卖交易的开办

第三条　客户在申请及使用中国工商银行提供的个人账

217

户黄金买卖交易服务时须具有完全民事行为能力，并承诺遵守国家关于个人账户黄金买卖交易的法律法规、行政规章及中国工商银行的相关规定。

第四条　客户向中国工商银行申请办理个人账户黄金（盎司）与美元买卖业务，可指定或新开立一个多币种活期基本户作为资金结算账户。

客户向中国工商银行申请办理个人账户黄金（克）与人民币买卖业务，可指定或新开立一个灵通卡或理财金账户卡的基本账户作为个人账户黄金买卖的资金账户，并在中国工商银行指定的营业机构开立黄金（克）账户。

客户开立账户须按照实名制的有关规定出具本人有效身份证件，并保证所提供的开户资料真实、准确、完整、有效，同时保证当上述资料发生变化时，及时前往中国工商银行营业机构进行变更。

第五条　客户的黄金账户只用于黄金买卖交易的账面收付记录，账面黄金余额不能支取、转账或兑现为实物黄金，且不计付利息。

第六条　客户可以通过中国工商银行提供的柜台、电话银行、网上银行、自助终端等方式办理个人账户黄金买卖业务。通过电话银行、网上银行、自助终端等电子银行手段办理个人账户黄金买卖业务的客户，须办妥电子银行相关注册手续后，方可取得交易资格。

第七条　客户在中国工商银行营业网点和电子银行办理个人账户黄金买卖业务必须遵守本章程；通过电子银行办理个人账户黄金买卖业务还须遵守《中国工商银行电子银行章程》的规定。

第三章　账户及密码的使用与保管

第八条　客户的个人账户黄金买卖指定账户存折、灵通卡、理财金账户卡或遗失或密码遗忘、泄漏时，须按中国工商银行有关挂失的规定及时办理挂失手续，在挂失生效前发生的一切后果由客户自行承担。

第九条　在个人账户黄金买卖业务的受理过程中，凡需要客户输入密码办理的业务，均视为客户本人办理。

第十条　中国工商银行对客户的个人信息及账户交易信息负有保密义务，法律、法规另有规定的除外。

第四章　报价及交易

第十一条　中国工商银行个人账户黄金买卖业务包括黄金（盎司）兑美元和黄金（克）兑人民币两个交易品种。黄金（盎司）兑美元买卖以美元标价，交易单位为"盎司"；黄金（克）兑人民币买卖以人民币标价，交易单位为"克"。黄金（盎司）与黄金（克）分属两个账户，两个账户间相互不可转换。

黄金（盎司）兑美元个人账户黄金买卖业务每笔交易起点为0.1盎司黄金，交易最小计量单位为0.01盎司；黄金（克）兑人民币账户黄金买卖业务的每笔交易起点为10克黄金，交易的最小计量单位为1克。

第十二条　个人账户黄金买卖交易时间，以中国工商银行各营业网点规定时间为准。

第十三条 中国工商银行向客户提供的账户黄金买卖报价，将根据国际市场变化实时更新。客户通过查询汇率屏、电子银行或从其他信息渠道获取的黄金价格均为参考价格。客户柜台实时交易的成交价格，以客户签字确认的受理交易的营业机构出具的《中国工商银行个人外汇/账户黄金买卖业务申请书》为准；柜台委托交易的成交明细以受理交易的营业机构电脑记载的成交记录为准；通过电子银行交易的成交明细以电子银行记载的成交记录为准。电子银行注册客户可通过中国工商银行电子银行查询成交明细。

第十四条 个人账户黄金买卖有实时交易和委托交易两种成交方式。实时交易即按照办理交易时中国工商银行即时黄金价格成交。委托交易即由客户指定成交判断条件，一旦中国工商银行即时黄金价格满足客户的成交判断条件，即按照客户委托价格成交。

第十五条 委托交易

（一）委托交易分为获利委托、止损委托和双向委托三种，客户可使用的种类，以中国工商银行营业网点或电子银行实际提供的委托种类为准。

（二）客户可在账户可用资金或黄金余额内提交委托。如客户提交委托时，其账户内可用资金或黄金余额少于该笔委托所需金额，该笔委托将全额不被接受。

（三）交易委托被接受后，其账户内等同于完成委托交易所需的资金或黄金即被冻结。客户不能对冻结资金办理再次交易、委托、取现、转账等业务，直至委托成交、客户撤销委托或委托自动失效。委托被接受系指客户的委托指令在中国工商银行账户黄金买卖系统中形成记录，并开始实时判断报价是否满足客户指定的成交判断条件。委托成交系指因报价满足客户指定的成交判断条件而解冻因委托被接受而冻结的资金或黄金并进行交易。

（四）委托有效期最短为 24 小时，最长为 120 小时，委托有效期连续计算，不区分中国工商银行交易时间与非交易时间，超出委托有效期而未成交的委托将自动失效。客户可在中国工商银行交易时间内撤销处于有效期但尚未成交的委托。客户撤销委托的方式须与提交委托的方式相同。

第十六条　资金清算在交易成交后实时完成。

第十七条　美元现钞、现汇不能通过个人账户黄金买卖相互转换。客户以美元现钞买入的账户黄金在卖出后仍为美元现钞；客户以美元现汇买入的账户黄金在卖出后仍为美元现汇。

第十八条　客户应熟悉中国工商银行电子交易方式的操作方法，因客户操作错误造成的后果由客户自行承担。

第十九条　因交易系统故障、网络通讯故障或其他不可抗力事件造成客户不能交易或交易延迟的，中国工商银行不承担任何经济或法律责任。

第二十条　因交易系统故障、网络通讯故障或其他不可抗力导致的成交价格有误、成交金额有误、成交币种账户相关明细项目有误的交易，中国工商银行有权取消交易或按照双方商定的正常价格补做交易。

第二十一条　对于客户出于欺诈或其他非法目的进行的不正当交易以及其他非中国工商银行过错原因造成的非正常交易，中国工商银行有权取消交易并采取措施防止该类交易继续发生。

第二十二条 对于发生非正常交易的相关账户，非正常交易的电脑确认、成交证实书及其他凭证一律无效，客户不得凭此主张权利。

第二十三条 客户超过中国工商银行规定的交易时间下达的交易指令无效。因客户账户黄金买卖指定账户余额不足而无法执行的交易指令无效。

第五章 公告及其他

第二十四条 个人账户黄金买卖交易面临包括政策风险、价格风险、利率风险、通讯系统安全、网络系统安全在内的各种风险。受国际上各种政治、经济因素及各种突发事件的影响，价格可能发生剧烈波动。客户应充分认识到此项业务所蕴涵的风险。在中国工商银行办理账户黄金买卖的客户，均视为愿意承担由于上述风险造成的后果。

第二十五条 中国工商银行向客户提供的黄金市场评述和分析意见仅供客户参考，不构成实际交易依据，对于客户据此交易造成的损失，中国工商银行不承担任何经济或法律责任。

第二十六条 关于本章程的生效、履行、变更、终止、解释及争议解决均适用中华人民共和国法律。

第二十七条 本章程由中国工商银行负责解释、修改并保留与之相关的权利。本章程如有变更和修改，中国工商银行将提前通过网站或营业网点等适当方式公告。

第二十八条 本章程自 2006 年 4 月 26 日起执行，原《中国工商银行个人账户黄金买卖章程》同时废止。

附录 5

中国银行北京分行
"黄金宝"业务简介

1. 什么是"黄金宝"

个人实盘黄金买卖业务也称"纸黄金"、"黄金宝"买卖，是指个人客户通过银行柜台或电话银行、网上银行服务方式，进行的不可透支的美元对外币金或人民币对本币金的账面交易，以达到保值、增值的目的。

所谓"账面交易"，是指交易只在客户存折账户内作收付记录而不进行实物交割。

"黄金宝"的交易标的是成色 100% 的账户金，品种分为国内市场黄金和国际市场外汇黄金，报价货币分别是人民币和美元，因此也简称"国内金"和"国际金"。

中国银行是全国第一家开办个人实盘黄金买卖的银行，经验丰富，服务优良。

2. 如何办理"黄金宝"

办理"黄金宝"业务非常简单，只要您拥有中国银行开立的活期一本通账户或一张与中行活期一本通关联的借记卡，且账户内有足够的完成交易的人民币或美元，即可到中国银行网点柜台办理"黄金宝"业务。您还可以选择更方便、快捷的交易方式，如电话银行、网上银行交易。

3. "黄金宝"每天交易起止时间

电话银行和网上银行为 24 小时交易，即从每周一 9 点至每周六 4 点（每日批处理时间、国家法定节假日和国际黄金市场休市日除外）；

柜台交易时间为周一至周五每天 9：00 ~ 17：00 点（国家法定节假日和国际黄金市场休市日除外）。

4. "黄金宝"交易单位和交易起点是多少

人民币金和美元金的计量单位分别为"克"和"盎司"。1 盎司约等于 31.1035 克。

人民币金交易起点为 10 克，最小交易进制为 1 克；美元金交易起点为 1 盎司，最小交易进制为 0.1 盎司。

5. "黄金宝"买卖如何计息

客户只可在同一个活期一本通账户内进行黄金买卖交易，通过"黄金宝"业务购得的黄金不能够支取、转账或兑现为实物黄金，且账面黄金不计利息。如果客户是卖出黄金、买入人民币或美元，则自交易当日按活期利息计息。

6. "黄金宝"业务如何收费

"黄金宝"业务不收取任何交易手续费。银行收益体现在买入价和卖出价的价差上。

7. "黄金宝"买卖有现钞和现汇之分吗

黄金买卖使用活期一本通账户（必须为"有折"）或借记卡账户进行交易。客户可用其存款账户的美元作外币金的买卖或人民币对本币金的买卖。要求美元现汇买入的外币金必须以美元现汇卖出；美元现钞买入的外币金必须以美元现钞卖出；人民币买入的本币金必须以人民币卖出。资金账户均不允许透支，黄金账户余额不计利息。

8. "黄金宝"交易实例

（1）交易实例：2005年10月20日上午9：00，中行黄金报价为121.29/122.29。某客户在中行买入黄金100克，共投资12229元，其后，国际黄金价格上扬，中行人民币金价格随之走高。2006年1月20日，该客户准备卖出其所持有黄金。11：07时在中行进行询价，此时价格为143.70/144.70。该客户以143.70的价格卖出其所持有的100克黄金，获利14370－12229＝2141。短短3个月的时间，该客户的投资回报率就达到了2141÷12229＝17.51%。

（2）美元金和人民币金价格的数值换算：

1盎司约等于31.1035克；美元兑人民币按照每天早上中行基准牌价作为当天的折算汇率。

以美元金（XAU/USD）中间价538.00美元〔（买入价＋卖出价）÷2〕为例：一盎司黄金538.00美元换算成人民币538.00×8.0495即可得到1盎司黄金的人民币价格；再除以31.1035即可得到1克黄金以人民币计价的价格＝139.23人民币（即人民币金牌价的中间价），双边各加上50点的点差即可得到人民币金的买入价和卖出价。

	买入价	卖出价
XAU/USD	536.50	539.50
GLD/CNY	138.73	139.73

附录6

上海黄金交易所 T+D 交易办法

1. Au（T+D）延期交收业务

以分期付款方式进行买卖，交易者可以选择合约交易日当天交割，也可以延期交割，同时引入延期补偿费机制来平抑供求矛盾的一种期货交易模式。这种交易模式能够为产金与用金企业提供套期保值功能，还能够满足投资者的投资需求，并且投资成本小，市场流动性高。同时还为投资者提供了卖空机制，为投资者提供了一个交易平台，较宜适合理财型投资。

黄金现货延期交收业务与黄金现货业务主要区别：

在开盘前引入了集合竞价过程；

交易过程中实行首付款制度；

在交易环节中，引入了持仓的概念；

交割环节引入了中立仓、延期补偿费机制，满足交割需要，平抑供求矛盾；

日终结算，实行每日无负债制度。

集合竞价制度：

227

开盘集合竞价在每个交易日开市前 15 分钟内进行，其中前 14 分钟为买卖指令申报时间，后 1 分钟为集合竞价撮合时间，开市时产生开盘价。

与普通的撮合成交原则不同，集合竞价采用最大成交量原则。开盘集合竞价中的为成交申报单自动参与开盘后的竞价交易。集合竞价未产生成交价格的，以集合竞价后第一笔成交价为开盘价。第一笔成交价按照交易所撮合原则产生，其中前一成交价为上一交易日收盘价。

首付款制度：

（1）在买卖报价过程中，不再冻结全额资金和实物，而是不分买卖方向，全部冻结报价金额 7% 的资金；

（2）交易过程实行 T+0，当天买入可以当天卖出；

（3）所有交易品种共用一个资金账户与实物账户，这实现了不同交易品种之间资金与实物的共享。

报价：

报价操作不仅仅是简单的买报价与卖报价，还有一个开仓与平仓的选择。因此，报价操作共有四种，对应不同的资金冻结与持仓增减。

①买开仓　②卖开仓　③买平仓　④卖平仓

持仓是未来要进行交割的一种权利义务。在现货市场中没有持仓概念，因为一旦成交，马上进行交割，资金与实物的所有权进行转移。而在现货延期交收业务中，不立即进行交割，因此，持仓代表对相应资金与实物所有权进行转移的一种权利义务。

多头持仓：表示未来要付出全额资金，得到黄金实物。

空头持仓：表示未来要付出黄金实物，得到资金。

开仓：意味着持仓的增加，资金的冻结。

平仓：意味着持仓的减少，资金的冻结。

交割：

现货延期交收业务没有规定具体的交割时间，由买卖双方自由申报。买卖双方申报交割的数量一旦不相等，就要通过中立仓、延期补偿机制来解决这种矛盾，从而顺利实现现货延期业务的交割功能。

延期补偿费支付方向确定规则：

根据市场情况，延期补偿费可以为正、负或者为零。当市场出现供不应求（货少了）的情况下，延期补偿费为卖方付给买方。当市场供大于求（货多了）时，延期补偿费为买方付给卖方。当供求平衡时，延期补偿费为零。

清算：

为了有利于风险控制，每日进行结算。每日交易结束后，按照全部持仓计算应冻结的首付款。

根据当日结算价，计算持仓的全部盈亏，并发生实际的资金划转，盈利者可以提取利润，亏损者要在规定时间内，补足资金。

违约处理：

构成交割违约，由交易所扣除违约方违约部分合约价值7%的违约金支付给守约方，同时交收终止。

2. 黄金现货延期交收业务的交割程序

第一步：交割申报。

每个交易日的 15：00 ~ 15：30 为会员或客户申报当日交收时间，申报内容为当日交收和约数量。系统实时公布认交、认收两边数量。

第二步：公布交收数量和延期补偿费方向。

15：30～15：31 系统统计和公布交收双方数量，延期补偿费支付方向。

当交收申报数量相等时，不发生延期补偿费的支付。

当交收申报数量不相等时，申报数量少的一方支付给申报数量多的一方延期补偿费。

延期补偿费率初期暂定为2‱。

对于超期持仓合约加收超期补偿费，超期补偿费不分方向，向买卖双方收取。

延期超过 20 个交易日的合约，超期补偿费暂定为每日1‱。

第三步：中立仓申报。

15：31～15：40 为中立仓申报时间，即没有被交易占用的资金或实物的会员与客户可以参与中立仓申报。

中立仓的申报实行部分冻结制度，按照交割方向，冻结7%的资金。

第四步：完成交收。

当中立仓申报的交收数量小于或等于持有持仓合约，或延期合约申报交方和收方数量的差，则全部中立仓都进入最后交收。申报交收合约按时间优先，当日交收最大化原则进行交收配对，完成实际交收。

如果中立仓申报的交收数量大于持有持仓合约或延期合约申报交方和收方数量的差，则按照时间优先的原则进行排队，确定进入最后交收阶段的中立仓。申报交收合约按时间优先，当日交收最大化原则进行交收配对，完成实际交收。

第五步：反向中立仓。

一旦申报的中立仓进入了交割阶段，中立仓收到系统自动生成反向中立仓，其成交价按当日的结算价计算。反向中立仓生成免收手续费，这个反向中立仓可以选择交割或平仓进行了结，选择平仓收取 6‰ 手续费。

3. 黄金现货延期交收业务的具体规定

交易品种 Au（T + D）

交易首付款 10%

交易单位千克/手

报价单位元/克

最小变动价位 0.01 元/克

交易时间 10：00 ~ 11：30，13：30 ~ 15：30 及夜市时间

可交割条块 1 千克，3 千克

可交割成色 99.95% 以上

最小交割量 1 千克

交易方式自由报价，撮合成交

交割地点任意指定仓库存取

交割期交割申请确定日

4. 黄金现货延期交收业务的风险管理措施

付款制度：

现货延期交收交易的首付款比例为成交总额的 7%。

交易所有权根据市场情况进行调整（建议会员依据客户的信誉程度，按交易持仓总金额的 7% ~ 10% 收取为佳）。

价格涨跌幅度限制制度：

为防止非正常因素对交易价格的干扰，交易所根据交易的实际情况实行价格涨跌幅度限制制度〔简称涨（跌）停板〕，延期交收交易所允许的每日交易价格最大波动幅度暂定为 ±5%，超过该涨跌幅度的报价视为无效，不能成交。

当连续出现同方向的涨跌停板时，交易所将按照一定的原则和方式进行调整。

限仓制度：

交易所实行限仓制度。限仓是指交易所规定会员或客户可以持有的按单边计算的最大交易数额。交易所对会员或客户进行综合评估，根据评定结果确定其最大交易限额。

会员的自营限仓数额分别由基本额度、信用额度和业务额度三部分组成。对于金融类会员和综合类会员，由于其可以进行代理业务，因此对所有客户持仓总额规定为代理业务额度。初期暂定为每个客户的交易额度为 1 吨。

大户报告制度：

交易所实行大户报告制度。当会员或者客户的持仓达到交易所对其规定的限仓额度的 80% 时，会员或者客户应向交易所报告其资金情况、头寸情况，客户须通过会员报告。交易所根据监测系统分析市场风险，调整限仓额度。同时根据实际情况，会员或客户可以向交易所提出申请，经交易所审核后调整会员或客户的限仓额度。

强行平仓制度：

强行平仓制度是指会员、客户违规时，交易所对有关持仓实行平仓的一种强制措施。

当会员、客户出现下列情况之一时，交易所对其实行强行平仓。

（1）未在规定时间内将追加的资金转入交易所账户，清算准备金额小于零；

（2）因违规受到交易所强行平仓处罚的；

（3）根据交易所紧急措施应进行强行平仓的；

（4）其他应予强行平仓的情况。

附录7

上海黄金交易所
会员单位名单

金融类			
序号	单位名称	黄金业务联系人	联系电话
1	中国工商银行	陆 域	021 – 58759276 021 – 58758575
2	中国建设银行	刘小亿　王 征	010 – 67597565010 – 67597766
3	中国银行	蔡振伟	021 – 38824502
4	中国农业银行	吴丽芸	010 – 68297070
5	中国金币总公司	付 妍	010 – 63102266 * 309
6	上海浦东发展银行	臧晓星	021 – 38789713
7	招商银行	王振浩　刘里鹏	0755 – 831955130755 – 83195508
8	中信银行	辜 育	010 – 65541289
9	深圳发展银行	肖 波	0755 – 22168597
10	交通银行	徐 泓	021 – 38784713
11	华夏银行	张 蔚	010 – 85238366
12	光大银行	马韧韬	010 – 68098113
13	上海银行	张 伟	021 – 63371173
14	广东发展银行股份有限公司	欧阳健	020 – 38322945

金融类			
序号	单位名称	黄金业务联系人	联系电话
15	深圳市商业银行	李鲤	0755 – 25879157
16	兴业银行股份有限公司	程相峰	021 – 52629989021 – 52629979
17	上海国际信托投资有限公司	顾安 蔡汝溶	021 – 63513570021 – 63239234
18	昆明市商业银行	付淦 黄昊	0871 – 3121986 0871 – 3110909
19	中国民生银行股份有限公司	郑智军	010 – 58560739
20	中钞国鼎（北京）投资有限公司	孙露蔺	010 – 58565600 * 836010 – 58565600 * 854

综合类			
序号	单位名称	黄金业务联系人	联系电话
1	内蒙古乾坤金银精炼股份有限公司	郭丽岭	0471 – 2212923
2	长城金银精炼厂	童攀	028 – 82755600
3	江西铜业股份有限公司	胡治山	0701 – 3777203
4	铜陵有色金属（集团）公司	孟晖	021 – 68401466
5	上海金创黄金有限公司	张修龙	021 – 33030271
6	山东招金集团有限公司	蔡建生	0535 – 8242270
7	中国黄金集团公司	陈小竹	010 – 84119339

综合类		
序号	单位名称	黄金业务联系人	联系电话
8	崇礼紫金矿业有限责任公司	郭亮	0313–4772173
9	上海狮王黄金有限责任公司	赵立英	021–50594786
10	广东高要河台金矿	吴振	0758–2811998
11	中金黄金股份有限公司	焦永忠	022–66205003
12	山东黄金集团有限公司	藤洪孟	0535–2696150
13	山东金洲矿业集团有限公司	刘洪君	0631–6446851
14	紫金矿业集团股份有限公司	林宇	0597–3833198
15	浙江省遂昌金矿有限公司	江建强	0578–8146390
16	山东天承生物金业有限公司	周桃英	0535–2699187
17	上海老凤祥有限公司		
18	山东中海金仓矿业有限公司	胡德洪	0535–2173108
19	桦甸市黄金有限责任公司	周继良	0432–6252952
20	济南齐鲁金店有限公司	毛秉涛	0531–86111850

续表

综合类			
序号	单位名称	黄金业务联系人	联系电话
21	四川爱心黄金珠宝饰品加工厂	潘丹	028 - 87506038
22	灵宝市金源桐辉精炼有限责任公司	赵飞羽	0398 - 6819236
23	武汉新世界珠宝金号有限公司		
24	辽宁金银销售中心	赵一鸣	024 - 24848908
25	洛阳紫金银辉黄金冶炼有限公司	林海霞	0379 - 65172908
26	沈阳萃华金银珠宝制品实业有限公司	张敏	024 - 24844848024 - 24857000
27	海南恒昌金银珠宝实业有限公司	陈春燕	0898 - 65306450
28	北京京沙工艺品厂	王文庆	010 - 69733062 * 801
29	北京菜市口百货股份有限公司	宁才刚	010 - 83522288
30	广东大哥大集团有限公司	杨愉朗	020 - 83495893
31	中国工艺美术（集团）公司	陈波	010 - 66033905

综合类			
序号	单位名称	黄金业务联系人	联系电话
32	大冶有色金属公司		
33	浙江明牌首饰股份有限公司	曹国其	0575 – 4025665
34	大同银星金店	薄涛	0352 – 2047160 * 2006
35	海南鑫生实业股份有限公司	李成勇	0898 – 68554612
36	中国珠宝首饰进出口公司	林洁	010 – 65514589
37	上海老凤祥珠宝首饰有限公司	赵健	021 – 63739223
38	上海老凤祥首饰研究所有限公司	陆小茵	021 – 34010587
39	南京金陵金箔股份有限公司	庞燕	025 – 52182904
40	成都天鑫洋金业有限责任公司	何永宁 刘翔	028 – 86118218 * 623/609
41	张家口金圆黄金有限责任公司		
42	苏州万宝银楼	徐洲	0512 – 67295580
43	广东粤宝黄金投资有限公司	华晓刚	020 – 37885339
44	西安一得贸易有限公司	张威	029 – 87206489

综合类			
序号	单位名称	黄金业务联系人	联系电话
45	江苏弘业股份有限公司	王芸	025-52302180
46	上海老庙黄金有限公司	孙长燕	021-53530178
47	福州福辉珠宝有限公司	黄东汉	0591-83661308
48	惠州市嘉盛金银珠宝有限公司		
49	广州金银首饰有限公司	张凤仪	020-83310241
50	河南省灵宝市黄金集团公司	王艳丽	0398-2199178
51	湖南辰州矿业有限责任公司	符红飞	0731-5159841
52	江西金山金矿	刘宏	0793-7561218
53	上海金币投资有限公司	许志鹏	021-58350101*8234
54	南京宝祥金店	周昱	025-52201370
55	汕头市金信黄金投资有限公司	杨少兰	0754-8859393
56	上海今亚珠宝有限公司	周建强	021-54042712
57	深圳市欧瑞德珠宝首饰有限公司	周文越	0755-25260436
58	深圳市艺华珠宝首饰有限公司	庄儒义	0755-82182168

综合类			
序号	单位名称	黄金业务联系人	联系电话
59	新疆阿希金矿	孙 华	0999 - 4253106
60	中国黄金集团夹皮沟矿业有限公司	陈 亮	0432 - 6742121
61	新疆黄金工业有限责任公司	王 琳	0991 - 4530693
62	佛山市工艺总厂有限公司	王杰伦	0757 - 82282503
63	上海瑞祥金银饰品公司	关红芳	021 - 63137681
64	深圳市金大福珠宝有限公司	翁光奇	0755 - 25190268
65	深圳宝昌钻石饰品实业有限公司		
66	深圳市金满盈实业发展有限公司	李升伟	0755 - 25684599
67	深圳市甘露珠宝首饰有限公司	郑建荣	0755 - 25601179
68	深圳市福麒珠宝首饰有限公司	张小辉	0755 - 25813238
69	山西华茂科工贸股份有限公司	王建华	0351 - 4946182

综合类			
序号	单位名称	黄金业务联系人	联系电话
70	贺利氏招远贵金属材料有限公司	王佐民	0535 – 8247813
71	深圳市翠绿投资有限公司	葛子雄	0755 – 25685123
72	深圳市百泰珠宝首饰有限公司	陈观霞	0755 – 25502261
73	深圳市粤豪珠宝有限公司	陈伟	0755 – 25220274
74	北京工美集团有限责任公司	王若凡	010 – 65233034
75	贵州西南黄金经营中心有限公司	朱海涛	0851 – 6904065
76	山东黄金鑫意首饰有限公司	王秀波	0531 – 82825999
77	上海黄金公司	董凯丰	021 – 52610157
78	深圳市安盛华实业发展有限公司	刘洁	0755 – 25538888 * 863
79	常州瑞银汇鑫黄金经营有限公司	沈剑	0519 – 8827999
80	南京宝庆银楼首饰有限责任公司		
81	中博世金科贸有限责任公司	郑峰	010 – 88469559

综合类			
序号	单位名称	黄金业务联系人	联系电话
82	东莞市金龙珠宝首饰有限公司	王淦森	0769 – 85831938
83	广东省黄金公司	杨海涛	020 – 87619701
84	云南铜业股份有限公司	陈越翔	0871 – 8390888 * 27277
85	湖南株冶有色金属有限责任公司	席志华	0733 – 83918630733 – 8391494
86	广东明发贵金属有限公司	孙明礼	0768 – 5811388
87	云南地矿资源股份有限公司	毕国相	0871 – 3806598
88	上海万向投资有限公司	周卫峰	021 – 63527117 * 1515
89	甘肃西脉新材料科技股份有限公司	苏建华	0931 – 8735077
90	北京和祥通实业公司	左敏	010 – 64800652
91	有研亿金新材料股份有限公司	吕保国 黄维健	010 – 80107905010 – 80117316
92	深圳市龙嘉珠宝实业有限公司	吴振武	0755 – 25557144
93	深圳市吉盟首饰有限公司	陈钟波	0755 – 25624097
94	上海怡亚投资管理有限公司	裘小琼	021 – 63731662

续表

综合类			
序号	单位名称	黄金业务联系人	联系电话
95	苏州市投资有限公司	陆平	0512－68889866
96	深圳宝福珠宝首饰有限公司	薛楚洪	0755－25514217
97	灵宝黄金股份有限公司	曲延生	0398－8856970
98	北京戴梦得首饰制造有限责任公司	马岩	010－68343377＊218
99	上海亚一金厂有限公司	邓莉	021－63732929
100	上海故得惜贸易有限公司	方超	021－63859930
101	武汉市金凰珠宝有限公司	徐正权	027－85487820
102	山西宏艺首饰股份有限公司	李宏斌	0351－3082601
103	湖北金兰首饰集团有限公司	李覃	0710－6241180
104	上海灵瑞黄金投资有限公司	黄健	021－62229039＊808
105	深圳市富理实业有限公司	龙芸 王亚滨	0755－613552480755－83586183
106	上海仟家信投资管理有限公司	牟世萍	021－33040607－18
107	成都高赛尔金银有限公司	龚彬	028－86203331－865

序号	单位名称	黄金业务联系人	联系电话
综合类			
108	广东罗定金业冶炼厂有限公司	张 颖	0766 - 3829080
109	上海邦联资产管理有限公司	韩宇泽 汤澄	021 - 54049550021 - 54048700
110	北京中经合投资管理有限公司	付轶方	010 - 85911016 * 806
111	深圳市安盛华贵金属有限公司	张勇强	0755 - 25538888
112	杭州航民百泰首饰有限公司	汪 洋	0571 - 82571199
113	上海银城佘山白银开发有限公司	赵燕萍	021 - 52901122
114	深圳市素养投资发展有限公司	邓茗俸 刘博枢	010 - 64400106010 - 64401092
115	上海裕盛投资管理有限公司	杨继华	021 - 63325666
116	烟台国大萨菲纳高技术环保精炼有限公司	柳凌云	0535 - 8156918
117	深圳市意大隆珠宝首饰有限公司	陈裕青	0755 - 25636205
118	中国华轻实业有限公司	付敬忠	010 - 67018078

续表

综合类			
序号	单位名称	黄金业务联系人	联系电话
119	烟台鹏晖同业有限公司	章爱军	0535－6512704

自营类			
序号	单位名称	黄金业务联系人	联系电话
1	苏州市恒孚首饰集团有限公司	彭玉萍	0512－67274826
2	北京大佳源珠宝金行有限公司	陈金锐	010－65125033
3	河南豫光金铅股份有限公司	李运平 秦现军	0391－6665961
4	上海造币厂	邱建强	021－52900000＊1073
5	沈阳造币厂	翟玉华	024－24313906＊5266
6	山西银河金银珠宝有限责任公司	牛长香	0351－4197858
7	深圳市金麟首饰进出口贸易有限公司		
8	河南金渠黄金股份有限公司	周颜森	0398－2996311
9	河北爱宝首饰股份有限公司	刘盛永	0316－8312754
10	湖北省嘉鱼蛇屋山金矿有限责任公司	孙雄伟 熊建华	0715－6898049

资料来源：上海黄金交易所网站。